LAS NUEVAS ORGANIZACIONES

Las nuevas organizaciones

© Del texto: Sergio Soria Micó
© De la corrección: Sergio Soria Micó
© De esta edición: NPQ Editores
www.npqeditores.com
edicion@npqeditores.com

Primera edición: abril, 2026
Impreso en España

PEFC

Los papeles que usamos son ecológicos, libres de cloro y proceden de bosques gestionados de manera eficiente.

ISBN: 979-13-87868-95-6
Depósito legal: V-1086-2026

LAS NUEVAS ORGANIZACIONES

Cómo evolucionar sin romper lo que funciona

SERGIO SORIA

A mis padres,
que, a pesar de lo difícil que se lo puse,
hicieron posible que hoy esté aquí,
escribiendo este libro.
Siempre los he querido profundamente;
hoy, además, los admiro de verdad.

Índice

Prólogo

Nunca pensé en escribir un libro. Tampoco imaginé que tendría la paciencia para hacerlo. Siempre lo vi como una tarea inabarcable: horas frente a la pantalla, ideas que se escapan y páginas que no terminan nunca. Pero un día decidí hacerlo —empujado por quienes insistían en que debía compartir lo aprendido— y el libro apareció casi solo. En apenas dos semanas tenía la mayor parte escrita.

¿Por qué tan rápido?

Porque no tuve que inventar nada.

Solo ordené lo vivido.

Este libro nace del oficio, no de la teoría. De más de veinticinco años acompañando a empresas reales con problemas reales. De éxitos, fracasos y aprendizajes acumulados trabajando junto a equipos y comités de dirección que han tenido que evolucionar para seguir siendo competitivos.

A lo largo de los años he leído muchos libros sobre liderazgo y transformación. Algunos me inspiraron, otros me ayudaron a entender mejor ciertos procesos. Pero descubrí que, en la práctica, el cambio no es lineal ni predecible. Quienes lo hemos vivido desde dentro sabemos que no depende solo de la voluntad ni de frases inspiradoras. Es un proceso largo, lleno de matices, resistencias y aprendizaje.

Por eso, aunque se hable tanto de transformación, creo más en la evolución. Si una empresa ha llegado hasta ahí, es porque ha hecho muchas cosas bien. No necesita romper lo anterior, sino hacerlo avanzar. Evolucionar no es renunciar a lo que somos, sino adaptarlo al tiempo en el que vivimos.

Por eso no quiero que este libro sea un manual ni una receta, sino una guía práctica, escrita desde la experiencia y con un lenguaje directo. No promete fórmulas mágicas ni finales felices, pero muestra caminos posibles.

En definitiva:

De cómo evolucionar una organización desde dentro,
paso a paso, con sentido común y realismo.

De cómo avanzar hacia las nuevas formas de trabajar
sin perder la esencia de lo que nos hace humanos.

Parte I
El cambio de era

Capítulo 1
EL SALTO

Durante décadas pedimos que alguien nos trajera un sueño:
estable, ordenado, predecible.
Un futuro que encajara sin hacer demasiadas preguntas.
Este capítulo empieza cuando ese sueño deja de servir.

Para empezar el libro
ponte esta canción:
Mr. Sandman de The Chordettes

"Mr. Sandman, bring me a dream..."

SIGLO XX AL SIGLO XXI

Imagina por un momento una oficina en 1995.

Un gran espacio abierto lleno de mesas, cada una con un ordenador que tardaba minutos en encenderse. El horario era de nueve a seis, con fichaje obligatorio al entrar y al salir. Las tareas bajaban desde arriba, en forma de instrucciones claras, y lo importante era cumplir con el plan marcado. Nadie esperaba que las cosas cambiasen demasiado rápido: los productos tardaban años en renovarse, los clientes eran pacientes, la competencia local. Era un mundo en el que la estabilidad se valoraba más que la adaptación.

Ahora salta al **2025.**

Una empresa tecnológica lanza un producto en cuestión de semanas. Sus clientes esperan actualizaciones constantes. Sus empleados trabajan en remoto desde distintas ciudades. Y, sin embargo, bajo esa superficie moderna, muchas organizaciones siguen operando con la lógica de 1995: horarios rígidos, control excesivo, jerarquías que frenan más que ayudan. Tienen herramientas modernas, pero la forma de organizarse sigue anclada en el pasado.

Se suele decir que la tecnología lo cambia todo. Es cierto que internet, el móvil, la inteligencia artificial o la nube han transformado nuestras vidas. Pero la pregunta es: ¿habrían avanzado tanto si las organizaciones no hubieran cambiado primero su forma de trabajar?

La crisis de las puntocom, en el año 2000, fue una primera señal. En aquel momento, muchas tecnológicas intentaban desarrollar productos con la misma lógica que una fábrica: planificaciones rígidas, proyectos gigantes, plazos de un año o más. Cuando llegaba el momento de entregar, el mercado ya había cambiado, los clientes pedían otra cosa y los competidores habían llegado antes. El problema no era la falta de tecnología, sino un modelo de organización que no podía seguir el ritmo. De ahí nació el manifiesto ágil:

un intento de reinventar la forma de trabajar para que la tecnología pudiera realmente desplegar su potencial.

Y en el 2020 llegó la pandemia. En pocas semanas, el mundo entero tuvo que probar algo que muchas empresas nunca se habían atrevido a hacer: trabajar sin la oficina como centro de control. El teletrabajo, antes privilegio de unos pocos, se convirtió en norma. Se tambaleó el viejo supuesto de que, para que alguien produzca, hay que verlo sentado en su mesa. La realidad es que la gente siguió trabajando, a veces con más intensidad que nunca, pero las organizaciones que no tenían buenos datos, procesos claros o métricas de valor entraron en pánico. Intentaron compensar la pérdida de control con más control: más reuniones, más reportes, más fichajes online.

Hoy convivimos con esas dos realidades. Por un lado, organizaciones que han dado el salto: son rápidas, adaptables, capaces de integrar la tecnología como un aliado natural. Por el otro, empresas que siguen instaladas en la mentalidad del siglo XX: jerarquías rígidas, obsesivas por el control con y márgenes que dependen de que nada cambie demasiado deprisa. El problema es que el cambio ya no se detiene.

La pregunta, entonces, no es si debemos evolucionar nuestras organizaciones, es cuánto tiempo más podrán resistir aquellas que se empeñan en no hacerlo.

EL VIEJO MUNDO: LA EMPRESA DEL SIGLO XX

Durante buena parte del siglo pasado, las organizaciones estaban construidas sobre una idea sencilla: si algo funciona, no lo cambies. La estabilidad era un valor en sí mismo.

El modelo venía de la fábrica. Producción en cadena, supervisión constante, jerarquías claras. Lo que se esperaba de cada persona estaba perfectamente definido: repetir la misma tarea a lo largo de los años. La eficiencia dependía de eliminar la variabilidad. Y esa lógica no se quedó en las fábricas: se trasladó a los bancos, a las aseguradoras, a las administraciones públicas, a casi cualquier sector.

El éxito se medía en términos de control. El jefe controlaba al equipo, el equipo al operario, y el operario al producto. Una empresa bien gestionada era aquella en la que nadie se salía del guion.

Y la burocracia se desarrolló como parte del sistema para garantizar el control y evitar los errores humanos.

¿Funcionaba? Sí. En una época en la que los ciclos de cambio eran lentos, este modelo era casi perfecto. Los productos tardaban años en evolucionar. La competencia era limitada, muchas veces local o nacional. Los clientes eran pacientes: aceptaban que un nuevo coche, un nuevo electrodoméstico o servicio tardara años en aparecer.

Además, el contrato psicológico entre empresa y trabajador estaba claro: tú me das tu tiempo y tu lealtad y yo te ofrezco estabilidad además de, con suerte, una carrera de por vida. Esa promesa de estabilidad —un sueldo fijo, un horario predecible, una jubilación asegurada— era el pegamento que mantenía unido el sistema.

Pero había un precio oculto. La creatividad rara vez era bienvenida. Lo importante no era mejorar, sino cumplir. Si alguien tenía una idea distinta, debía pasar por múltiples capas de autorización. Y lo normal es que muriera en el camino.

Ese mundo, con sus virtudes y sus limitaciones, moldeó a generaciones enteras. Muchos de los que hoy dirigen empresas crecieron en él y lo vivieron como la norma. Pero esa norma pertenece ya a otro siglo.

EL GRAN GIRO: LA TECNOLOGÍA Y LA PANDEMIA

A finales de los noventa, la estabilidad dejó de ser una ventaja y empezó a ser un lastre. Internet lo cambió todo: los mercados se abrieron, la competencia se volvió global y los clientes empezaron a esperar más, y con más rapidez.

La crisis de las puntocom, en el año 2000, fue el aviso más claro de que algo no encajaba. No fue solo una burbuja financiera. Fue un choque organizativo. Muchas tecnológicas estaban atrapadas en el mismo modelo que se usaba para construir un puente: planificar todo al detalle, fijar un plazo largo y esperar al final para entregar. El famoso modelo *waterfall*, o "en cascada".

Un proyecto en cascada funciona así: primero se definen todos los requisitos, después se hace el diseño completo, más tarde se desarrolla, luego se prueba y, finalmente, se entrega. Cada fase cae sobre la siguiente, como el agua en una cascada. El problema es que no hay vuelta atrás: si en la fase inicial decides que la casa tendrá tres habitaciones, no puedes añadir una cuarta cuando ya has levantado las paredes.

Imagina una empresa en 1999 que recibe el encargo de crear una web de comercio electrónico. Durante meses se reúne con el cliente para definir hasta el último detalle. Después, otros tantos meses de diseño y documentación. Luego, los programadores empiezan a escribir el código y, un año más tarde, presentan el producto terminado sin mostrar nada hasta el final.

Pero al cabo de ese año, el mercado ya cambió. Los competidores lanzaron webs más simples y funcionales en cuestión de semanas. Los clientes se acostumbraron a comprar online con una experiencia distinta. Lo que habías definido doce meses antes ya no sirve. El proyecto nace tarde, caro y obsoleto.

Ese era el talón de Aquiles del *waterfall*: podía funcionar en proyectos estables —como una carretera o un edificio—, pero resultaba un desastre en entornos de cambio acelerado como la tecnología.

Un ejemplo claro fue Netscape, el navegador que dominó internet en sus primeros años. En 1995 era el rey absoluto: llegó a controlar más del 80% del mercado. Pero Netscape trabajaba con ciclos largos, pesados, y cada nueva versión tardaba demasiado en salir.

Mientras tanto, Microsoft olió la oportunidad. Lanzó Internet Explorer en 1995, y aunque al principio era un navegador mucho más limitado, jugó con otra estrategia: actualizar con frecuencia, mejorar paso a paso y, sobre todo, integrarlo gratis dentro de Windows. Eso significaba que cada nuevo ordenador venía ya con el navegador instalado. Millones de usuarios lo usaban por defecto, sin necesidad de descargar nada.

El resultado fue fulminante. Netscape, atrapado en su lógica de "grandes versiones cerradas", no podía competir con un producto que evolucionaba de manera continua y estaba al alcance de cualquiera sin coste. Su ciclo de desarrollo era demasiado lento para un mercado que pedía velocidad.

En pocos años pasó de ser el líder indiscutido de internet a una compañía irrelevante, vendida primero a AOL y finalmente diluida hasta desaparecer. No desapareció por falta de talento ni de visión tecnológica, sino porque debido a su forma de organizar el trabajo no era capaz de seguir el ritmo de un competidor que entendía la importancia de moverse más rápido que los demás.

Frente a este modelo rígido empezaron a surgir nuevas formas de trabajo. Todavía no vamos a entrar a fondo en ellas —lo haremos más adelante—, pero basta con dar una pincelada: la lógica no era entregar "todo al final", sino empezar con algo pequeño, usable, aunque imperfecto, y mejorarlo sobre la marcha. Así nació la idea del MVP, o producto mínimo viable.

La clave del MVP era sencilla pero poderosa: mostrar algo real a los clientes lo antes posible, aunque estuviera lejos de ser la versión final. Eso permitía aprender rápido, ajustar prioridades y evitar invertir meses o años en un producto que, al final, nadie quería.

Un ejemplo moderno de esta lógica es Tesla. Cuando lanzaron sus primeros vehículos eléctricos, no esperaron a tener el coche perfecto que resolviera todos los problemas de la industria. Salieron al mercado con modelos que aún tenían limitaciones, pero que traían algo disruptivo: la capacidad de actualizarse continuamente mediante software. Tesla podía vender un coche con ciertas carencias y, al mismo tiempo, dar al cliente la garantía de que, con cada actualización, ese coche iba a mejorar. Así convertían a sus propios clientes en parte del proceso de desarrollo.

Tesla entendió bien algo que a menudo se malinterpreta en la lógica del MVP: lanzar pronto no significa lanzar mal. Un producto inmaduro puede arruinar una buena idea si daña la confianza del cliente. La agilidad no consiste en correr, sino en aprender rápido sin comprometer la experiencia. Ese equilibrio —entre moverse deprisa y mantener la calidad suficiente para sostener la credibilidad— fue, precisamente, lo que permitió a Tesla avanzar sin perder reputación.

La clave estaba en las actualizaciones OTA (over the air). Cada coche podía mejorar sin pasar por el taller: un día el cliente se despertaba y su vehículo tenía nuevas funciones de seguridad, más autonomía o mejoras en el sistema de conducción asistida. Lo que en cualquier otra marca requería un nuevo modelo, en Tesla ocurría con una descarga de software. Ese detalle cambió la relación con el cliente: dejó de comprar un producto cerrado y pasó a tener algo vivo, en evolución permanente.

El contraste con *waterfall* no podía ser más claro. Netscape apostó por largos ciclos que lo dejaron atrás. Tesla apostó por sacar algo al mercado rápido, escuchando y corrigiendo en tiempo real. El primero desapareció, el segundo cambió la industria.

Sin embargo, conviene subrayarlo: esta lógica ágil se quedó, durante mucho tiempo, confinada al sector tecnológico. Muy pocas empresas tradicionales la adoptaron. La banca, la energía, la automoción, el retail… casi todas siguieron con la mentalidad del siglo XX, jerárquica y rígida.

Por eso, cuando llegó la pandemia, el contraste fue brutal.

Las tecnológicas ya tenían la agilidad en su ADN: equipos pequeños, trabajo distribuido, ciclos cortos, cultura digital. Estaban preparadas para moverse.

Las empresas tradicionales, en cambio, se quedaron paralizadas. No sabían cómo funcionar sin la oficina como centro de control. En muchos casos, lo que ocurrió fue un retroceso: intentos desesperados por controlar desde la distancia, exceso de reuniones, burocracia añadida.

Las consecuencias fueron claras: empresas que desaparecieron, otras que apenas sobrevivieron, sectores enteros obligados a reinventarse. Solo aquellas con productos muy protegidos —con barreras de entrada fuertes, regulaciones a su favor o posiciones dominantes en el mercado— pudieron resistir el golpe sin cambiar demasiado. El resto se vio obligado a correr.

Y seamos realistas: si no hubiera sido por la intervención masiva de los estados, con ayudas, créditos, expedientes de regulación y estímulos, hubiera sido otra historia. La pandemia habría barrido a muchas más compañías de las que realmente se llevó por delante.

En cualquier caso, lo que quedó en evidencia es algo que aún hoy muchas empresas no quieren aceptar: no basta con tener tecnología. Lo que marca la diferencia es el modelo organizativo.

VELOCIDAD Y AGILIDAD: EL NUEVO PARADIGMA

El siglo XXI trajo consigo un nuevo principio de juego: ya no gana el más grande, gana el más rápido.

En el pasado, las barreras de entrada eran tan altas que una gran empresa podía dominar un sector durante décadas. Su tamaño le daba poder, recursos, capacidad de producción y distribución. Pero en la economía actual, el tamaño puede ser más un lastre que una ventaja. La velocidad es lo que define quién sobrevive.

La agilidad nace precisamente para dar respuesta a esa necesidad. No se trata solo de metodologías, ni de reuniones diarias de pie, ni de tableros con post-its. Se trata de aceptar que **el mundo cambia más rápido que nuestros planes**, y que la única forma de competir es aprender antes que los demás.

Un ejemplo claro es Amazon. Desde sus inicios, adoptó la lógica de trabajar en ciclos cortos, experimentar con nuevas ideas y escalar solo aquello que funcionaba. Amazon no lanzó su gigantesca plataforma de comercio electrónico de golpe: empezó vendiendo libros, ajustó procesos logísticos, entendió la demanda real y, paso a paso, fue incorporando nuevas categorías. Hoy parece obvio, pero en su momento era una apuesta arriesgada: ¿quién iba a comprar por internet algo que no podía tocar? La diferencia es que Amazon no intentó resolver todos los problemas desde el primer día; avanzó por iteraciones.

En contraste, muchas cadenas tradicionales de retail, seguras de su tamaño y de su red de tiendas físicas, ignoraron durante años la amenaza online. Cuando quisieron reaccionar, ya era tarde: los clientes habían cambiado sus hábitos y las empresas que habían nacido ágiles se habían quedado con el mercado.

La lógica es sencilla: en un entorno estable, la planificación a largo plazo funciona; en un entorno inestable, la planificación rígida se convierte en un obstáculo.

Por eso el manifiesto ágil no fue un invento metodológico, sino un cambio de mentalidad. Decía algo obvio pero revolucionario: en lugar de priorizar los planes, prioricemos a las personas y su capacidad de colaborar; en lugar de esperar al final, entreguemos valor cuanto antes; en lugar de seguir un contrato, aprendamos junto al cliente.

Otro ejemplo ilustrativo es Spotify. Cuando se convirtió en el líder mundial del streaming musical, no lo hizo porque tuviera la mejor tecnología de audio, sino porque supo organizar a sus equipos de una manera radicalmente distinta.

Spotify nació en 2006, en plena crisis de la industria musical. La piratería había explotado y las discográficas gastaban más dinero en abogados que en innovación. Mientras el sector se obsesionaba con frenar el cambio, Spotify decidió acelerar. Su apuesta fue doble: ofrecer un modelo legal que convenciera a los usuarios y organizarse de una forma que les permitiera innovar a la velocidad que exigía el mercado.

Desde el principio adoptaron un modelo basado en squads: equipos pequeños, multidisciplinares y autónomos. Cada squad funcionaba como una mini-startup: tenía un objetivo claro, capacidad para decidir por sí mismo y responsabilidad sobre el resultado. No necesitaban que cada movimiento pasara por una jerarquía centralizada.

Esa estructura fue su arma secreta. Podían probar una nueva funcionalidad, medir la reacción de los usuarios y corregir en cuestión de semanas. Así nacieron innovaciones que parecen menores pero que marcaron la diferencia: las playlists colaborativas, el "Discover Weekly" o el algoritmo de recomendaciones personalizadas. Pequeños experimentos que, al escalar, se convirtieron en ventajas competitivas gigantes.

Lo más interesante es que, quince años después, Spotify sigue funcionando bajo la misma lógica. La empresa ha crecido hasta tener miles de empleados, pero conserva el modelo de squads, ahora complementado con *tribes* y *chapters* que coordinan la colaboración entre equipos. El principio sigue siendo el mismo: autonomía local y propósito compartido.

El contraste es revelador: la mayoría de las empresas pierden agilidad al crecer. Spotify, en cambio, convirtió la agilidad en su forma de escalar. Esa es una de las razones por las que todavía hoy marca el ritmo del sector, mientras otros competidores más grandes o capitalizados no logran alcanzarlo.

La pregunta que todo CEO o directivo debería hacerse hoy es sencilla: ¿qué pasaría si mañana un competidor, pequeño pero rápido, entrara en tu mercado? ¿Sería capaz de reaccionar en semanas, o quedaría atrapado en reuniones, aprobaciones y procesos que tardan meses?

Porque esa es la esencia del nuevo paradigma:

 No gana el que tiene más recursos, sino el que aprende más rápido.

 No gana el que tiene el plan más detallado, sino el que puede corregirlo a tiempo.

 No gana el que espera a tenerlo perfecto, sino el que lanza algo imperfecto y lo mejora sobre la marcha.

El siglo XXI no es el siglo de la perfección, es el siglo de la velocidad.

LO QUE ESTÁ EN JUEGO

Hoy conviven dos mundos.

El de las organizaciones que han entendido que no pueden seguir con los esquemas del siglo XX, y han dado el salto hacia formas más rápidas, flexibles y centradas en las personas. Y el de las organizaciones que, aunque hablen de digitalización y compren herramientas modernas, siguen organizándose como siempre: jerarquías rígidas, procesos lentos, control obsesivo.

Las primeras avanzan con paso firme. Las segundas sobreviven… de momento.

Porque lo que les permite aguantar ya no es su ventaja competitiva, sino sus márgenes. Y esos márgenes se están erosionando a una velocidad que pocos quieren reconocer.

Durante siglos, el comercio se apoyó en cadenas de distribución. Desde la Edad Media —cuando la burguesía emergió organizando rutas comerciales y conectando regiones antes aisladas— hasta el siglo XX, los intermediarios fueron esenciales: conectaban productores con consumidores, aseguraban la estabilidad de la demanda y garantizaban el suministro. El distribuidor no era un coste adicional, era la pieza que hacía funcionar todo el engranaje.

Pero ese modelo se está desmoronando. La combinación de negocio online, cambios en los hábitos de consumo y nuevos modelos directos al cliente está eliminando eslabones de la cadena. Las marcas ya no necesitan tanto a los intermediarios: pueden hablar directamente con el consumidor, venderle directamente, servirle directamente.

Ahí está el auge del direct-to-consumer (D2C): marcas que antes dependían de distribuidores ahora construyen su propio canal, su propia relación, su propia experiencia. Desde startups de cosmética hasta gigantes del automóvil, el salto al consumidor se ha convertido en estrategia prioritaria.

El resultado es doble:

1. Los márgenes se estrechan. Cada intermediario que antes aseguraba estabilidad ahora es visto como un coste que hay que recortar.

2. Las empresas se ven obligadas a organizarse de otra forma. Vender directo al consumidor significa escuchar más, responder más rápido, personalizar la oferta, adaptarse continuamente. No puedes funcionar con la lógica lenta y rígida del siglo XX.

La presión de los márgenes, unida a la disrupción de los modelos de negocio, convierte la transformación organizativa en una cuestión de supervivencia. Ya no basta con recortar costes o renegociar contratos: hace falta cambiar la forma de trabajar.

En un mundo donde los clientes ya no esperan y los márgenes ya no protegen, lo único que sostiene a una empresa es su forma de organizarse.

Y esa es la pregunta con la que creo que debemos cerrar este capítulo:

> ¿De verdad crees que las empresas
> del siglo XXI pueden seguir organizándose
> como en el siglo XX?

Capítulo 2
LOS SILOS

Creamos compartimentos para entender el mundo.
Un día te das cuenta de que ya no hablan entre ellos.

Canción:
Superunknown de Soundgarden

**"If you fear the unknown,
then you'll fear what you know..."**

DE LAS STARTUPS AL EJÉRCITO FEUDAL

Toda empresa empieza con pocos recursos y muchas ganas. Una startup tecnológica, por ejemplo, arranca con un grupo reducido de personas que hacen de todo. Cinco, diez, veinte como mucho. No hay departamentos ni organigramas complicados. No existen jefes intermedios ni jerarquías claras. Todo el mundo está cerca de todo el mundo, y el flujo de trabajo se organiza más por urgencia y necesidad que por reglas. Es un modelo plano casi por naturaleza.

Pero en cuanto la empresa empieza a crecer, llega la necesidad de poner orden. Ya no es posible que todos hablen con todos ni que cada persona esté al tanto de todo. Entonces aparecen los departamentos: finanzas, operaciones, ventas, marketing, IT. Cada área con su responsable, cada responsable con su gente.

Y lo curioso es que esta lógica no es un invento moderno.

La hemos heredado de siglos de historia. Así se organizaron siempre las grandes colectividades humanas.

Los ejércitos, por ejemplo: un general al mando, coroneles al frente de batallones, capitanes al frente de compañías. La lógica era de compartimentos estancos: cada nivel con sus funciones y su autoridad, todos respondiendo hacia arriba.

Lo mismo ocurría en las cortes reales y en el feudalismo. El rey no podía gestionarlo todo directamente, así que delegaba en nobles o señores, cada uno a cargo de su propio feudo. Ellos recaudaban, administraban justicia, aseguraban el orden, y luego reportaban hacia arriba. El poder estaba fragmentado en áreas, pero unificado en la cúspide.

 Esta forma de organizar tenía una ventaja evidente: simplificaba la gestión. El rey, el noble, el general o el señor feudal podían mantener el control. Cada silo respondía de lo suyo y la autoridad quedaba clara.

Con el tiempo, las empresas copiaron este modelo.

Una dirección financiera, una dirección de operaciones, una dirección comercial. Cada uno con su reino, con su gente, con su territorio de poder. Y la dirección general en lo alto, esperando informes y decisiones.

Durante siglos funcionó porque el entorno apenas cambiaba. Los mercados eran estables, la competencia limitada, los clientes pacientes. En un mundo de cambios lentos, dividir en silos era una solución lógica.

El problema es que seguimos usando esa misma lógica en un siglo en el que todo cambia demasiado rápido.

> Los silos no son un error de diseño;
> son una respuesta lógica a
> un mundo que ya no existe.

EL PROBLEMA EN EL SIGLO XXI

El siglo XXI cambió las reglas del juego.

La velocidad del entorno ya no tiene nada que ver con la de hace 50 o 100 años. Los mercados se abren y se cierran en cuestión de meses. Las tecnologías aparecen y se hacen obsoletas en pocos años. Los clientes cambian sus expectativas casi de la noche a la mañana.

En ese contexto, trabajar en silos es como correr una carrera con grilletes. Cada área se ocupa solo de lo suyo, pero los problemas y las oportunidades ya no caben dentro de un único departamento.

Abrir un nuevo mercado, por ejemplo, no es cosa solo de ventas. Para entrar en China, India o Brasil, hacen falta muchas más piezas:

- (Operaciones) debe resolver la logística y la distribución.

- (Desarrollo de producto) tiene que adaptar lo que vendemos a las regulaciones locales o a las preferencias culturales.

- (Finanzas) debe entender la fiscalidad y las formas de pago.

- (Recursos humanos) debe conocer la normativa laboral para contratar en el país.

- (Marketing) necesita construir una narrativa local que conecte con ese consumidor.

Todo eso no cabe en un solo silo: exige un esfuerzo transversal.

Lo mismo ocurre al lanzar un nuevo producto. No basta con que I+D lo diseñe. Hace falta que operaciones sepa fabricarlo, que marketing lo comunique, que ventas lo lleve al mercado y que soporte técnico lo atienda después.

Y si esto ya era cierto en la globalización, con la inteligencia artificial el salto es aún más brutal.

Lo que antes tardaba años en cambiar, ahora puede transformarse en seis meses. Un modelo de IA nuevo puede dejar obsoleta una estrategia completa. Herramientas que hace un año parecían futuristas hoy son estándar. Y lo que hoy es puntero, en seis meses será básico.

Esto no es casualidad: en parte responde a una dinámica conocida como la Ley de Moore, que predijo que la capacidad de los procesadores se duplicaría cada dos años. Durante décadas fue una cuestión técnica; hoy se ha convertido en una realidad empresarial. La potencia de cálculo, combinada con el acceso masivo a datos, hace que la IA avance de manera exponencial, no lineal.

Ese patrón no es nuevo. La historia de la humanidad avanza igual: no en una línea continua, sino a saltos. Largos periodos de estabilidad seguidos de cambios repentinos. Así ocurrió con la aparición del fuego, la agricultura, la rueda, la escritura, la imprenta, la electricidad o internet. Este fenómeno se ha demostrado también en la evolución biológica: muchas especies se mantienen casi sin cambios durante siglos hasta que, de pronto, un factor externo desencadena una mutación decisiva.

Hoy estamos viviendo uno de esos saltos con la IA. Y lo que antes se medía en siglos o décadas, ahora ocurre en cuestión de meses.

En las organizaciones, ese salto se traduce en una exigencia muy concreta: decidir y actuar sin esperar a que todo esté claro. Porque el futuro no se acerca poco a poco: se precipita.

Las organizaciones que sigan encerradas en silos, con decisiones lentas y proyectos que se atascan en la jerarquía, no podrán seguir el ritmo. La IA no va a esperar a que se pongan de acuerdo.

Lo transversal ya no es la excepción, es la norma.

Y aquí está el problema: la mayoría de las empresas siguen organizadas como si fueran ejércitos o cortes feudales, con cada área a cargo de lo suyo y poco incentivo para colaborar.

El resultado es previsible: proyectos que se frenan, decisiones que tardan meses en llegar, equipos que trabajan en paralelo sin hablarse, clientes que reciben una experiencia incoherente. En un mundo de cambios lentos eso podía funcionar. Hoy es una receta para el fracaso.

EL CHOQUE DE PRIORIDADES

En teoría, los proyectos transversales son la respuesta.

En la práctica, casi siempre se atascan.

La razón es simple: cuando hay que elegir entre entregar a mi jefe directo o a un proyecto transversal, siempre gana mi jefe.

Piénsalo: ¿quién decide mi subida de salario? ¿Quién aprueba mis vacaciones? ¿Quién puede despedirme? Mi jefe formal. No el líder de ese proyecto transversal. Por tanto, cuando las prioridades chocan, no hay duda: priorizo lo que me pide mi jefe.

Esto ocurre en todos los niveles.

Un analista financiero que colabora en un proyecto de expansión internacional, si tiene que elegir entre cerrar un informe para su director financiero o preparar un análisis para el equipo transversal, hará primero lo que le pide su director. Un técnico de operaciones, si tiene que decidir entre atender una urgencia interna o entregar algo a un proyecto de innovación, resolverá antes lo que le exige su responsable de área.

El resultado es que los proyectos transversales siempre se quedan en segundo plano. No porque la gente no quiera colaborar, sino porque el sistema no les da incentivos reales para hacerlo.

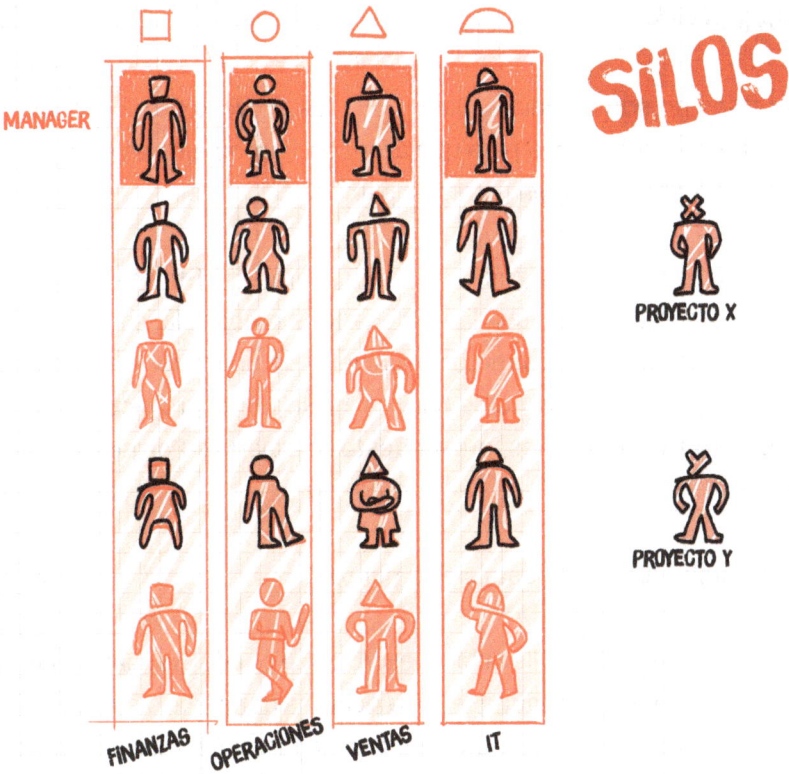

Los silos verticales de cada área conviven con proyectos transversales

Aquí aparece la paradoja: las empresas promueven proyectos transversales porque saben que son necesarios... pero los diseñan dentro de un modelo organizativo que hace muy difícil que funcionen correctamente.

Los proyectos a veces salen adelante, pero lo hacen tarde, con sobrecostes, con más desgaste del necesario y con una sensación generalizada de frustración. Avanzan a base de empuje personal y de favores entre departamentos, no porque el sistema esté pensado para que funcionen.

Es como conducir un coche con el freno de mano echado. Avanza, sí, pero despacio, forzando el motor y desgastando todo el sistema.

LOS PARCHES

Las empresas no son ingenuas. Saben que los proyectos transversales se atascan y buscan soluciones para que avancen. El problema es que, en lugar de cambiar el sistema, suelen recurrir a parches.

El más común es poner a alguien con poder formal al frente del proyecto. No necesariamente porque sea la persona más preparada, sino porque su cargo le da autoridad. Si el director financiero, de operaciones o de personas lidera un proyecto, la gente le hará caso. No por el proyecto en sí, sino porque controla promociones, presupuestos o salarios. Porque se le reconoce poder.

Pero este parche funciona hasta cierto punto.

Si el equipo de dirección se lleva bien, el proyecto puede avanzar. La complicidad entre áreas hace que, aunque cada persona defienda lo suyo, reconozcan que hay un objetivo mayor: que la empresa funcione. En esos casos, las cosas salen adelante, aunque sea a base de negociar constantemente.

Pero si el equipo de dirección no se lleva bien, lo que ocurre arriba se contagia hacia abajo.

Esto tiene una explicación muy simple desde la psicología social: los equipos tienden a imitar y adoptar las actitudes de sus líderes. Si un directivo transmite confianza y respeto hacia otro departamento, sus colaboradores estarán más abiertos a cooperar. Si, por el contrario, lo que transmite es desconfianza o desprecio, el equipo lo absorberá como parte de su cultura de grupo.

Ese efecto es automático porque los seres humanos somos profundamente sociales. La identidad colectiva de un equipo se forma en buena medida por oposición: "nosotros" frente a "ellos". Y cuando el jefe marca que los "otros" son poco fiables, el resto lo interioriza como norma. Desde ahí, cada interacción entre áreas se contamina: la información se comparte con menos transparencia, la colaboración se vuelve mínima y los conflictos se multiplican.

El resultado es que los proyectos transversales dependen más del clima político que de la lógica organizativa. Avanzan si los directivos mantienen una buena relación personal. Se bloquean si las tensiones o las rivalidades pesan más.

Y en medio de esa batalla, quien más sufre es el CEO, que vive con la sensación de que cada proyecto transversal es una guerra de trincheras.

CASO NOKIA: CUANDO LOS SILOS HUNDEN A UN GIGANTE

A principios de los 2000, Nokia era el rey indiscutible de la telefonía móvil. Vendía cientos de millones de terminales cada año, tenía más del 40% de la cuota de mercado global y era sinónimo de innovación. Su marca estaba en todas partes, sus modelos eran icónicos y su dominio parecía inexpugnable.

Pero lo que ocurría dentro de Nokia era muy distinto de lo que se percibía fuera. Detrás de esa fachada de éxito, la organización se había convertido en un laberinto de silos y reinos internos. Cada división funcionaba como si fuera una empresa independiente, con sus propios objetivos, métricas y prioridades.

Reinos enfrentados

Los directivos competían entre ellos por recursos, presupuestos y visibilidad ante la alta dirección. Ser visto como un "ganador" dentro de Nokia era más importante que colaborar con otros departamentos. El resultado era una cultura donde cada área se preocupaba más por su prestigio interno que por la amenaza externa.

Como lo resumía un profesor del INSEAD, cada departamento funcionaba como un reino y cada directivo como un pequeño emperador.

En lugar de una empresa unida frente a un mercado cambiante, Nokia era un conjunto de feudos en permanente lucha.

El miedo a decir la verdad

El efecto más peligroso de esos silos fue el ~~miedo.~~

En una cultura donde lo que se premiaba era mostrar resultados positivos, nadie quería ser el portador de malas noticias. Los mandos intermedios sabían que reportar problemas técnicos, retrasos o riesgos estratégicos podía costarles reputación y, en consecuencia, carrera.

Así que, poco a poco, la verdad empezó a desaparecer.

Los equipos maquillaban informes, retrasaban las alertas y transmitían hacia arriba una imagen edulcorada de la realidad. El sistema operativo Symbian, que debía ser la gran apuesta para competir con el nuevo iPhone y con Android, era un caos: fragmentado, lento y difícil de actualizar. Pero los reportes que llegaban a los altos ejecutivos hablaban de avances y cumplimientos de plazos.

La dirección vivía en una especie de burbuja de optimismo. Mientras tanto, Apple redefinía el concepto de smartphone y Google regalaba Android a los fabricantes.

LA FALSA SENSACIÓN DE SEGURIDAD

Desde fuera, parecía que Nokia lo tenía todo para resistir:

 Talento técnico de primer nivel.

 Recursos financieros casi ilimitados.

Una marca fortísima y una red de distribución global.

Pero por dentro, esas fortalezas estaban neutralizadas por los silos.

Los mejores ingenieros trabajaban en proyectos que competían entre sí. La información crítica se perdía en la burocracia. Las decisiones se tomaban tarde porque cada área defendía su agenda. Y lo más grave: los líderes no recibían datos fiables para reaccionar a tiempo.

La caída

En 2007 Apple lanza el iPhone. En 2008 Google libera Android.

En ese momento, Nokia todavía tenía músculo suficiente para contraatacar. Podría haber aprovechado su ventaja en distribución, su base de clientes y su reputación de fiabilidad. Pero no lo hizo.

¿Por qué?

Porque sus silos internos bloqueaban cualquier reacción coherente.

Mientras Apple ofrecía un producto integrado —hardware, software y experiencia de usuario—, Nokia era incapaz de coordinar a sus divisiones para crear una respuesta unificada. Cada área empujaba en una dirección distinta.

Cuando el CEO intentó acelerar el desarrollo de Symbian para recuperar terreno, la presión solo empeoró las cosas:

- Los equipos trabajaban jornadas interminables, pero seguían encallados en problemas técnicos.

- Los informes que llegaban a la cúpula ocultaban la magnitud real del desastre.

- Los competidores avanzaban con propuestas más simples, más rápidas y más atractivas para los usuarios.

En 2013, apenas seis años después de reinar en el mercado, Nokia vendió su negocio de móviles a Microsoft. Pasó de ser líder mundial a convertirse en un caso de estudio sobre cómo una empresa puede perderlo todo si no sabe organizarse para el cambio.

LA LECCIÓN DE NOKIA

Nokia no cayó por falta de tecnología. Tenía los recursos, las patentes y los ingenieros para competir. Tampoco cayó por falta de estrategia: sus líderes sabían que Apple y Google eran una amenaza real.

Cayó porque su modelo organizativo, basado en silos, minó su capacidad de respuesta.

- Porque los directivos competían entre sí en lugar de colaborar.

- Porque la información se filtraba y se maquillaba para proteger carreras personales.

- Porque nadie quería arriesgarse a desafiar el statu quo.

El caso Nokia es la prueba más clara de que el problema no está en la tecnología ni en la estrategia, sino en la organización. **Puedes tener los mejores recursos del mundo, pero si tu estructura interna funciona como un conjunto de reinos enfrentados, no podrás reaccionar cuando el entorno cambie.**

Y cuando esto ocurre, casi siempre se repite el mismo patrón. Basta con hacerse tres preguntas para verlo aparecer:

- ¿Qué proyectos transversales llevan más de seis meses atascados?

- ¿Qué proyectos se frenan cuando chocan con las prioridades de área?

- ¿Dónde se maquilla la información antes de llegar arriba?

No necesitan respuesta inmediata. Pero suelen revelar más de lo que cualquier organigrama muestra.

EVOLUCIÓN, NO TRANSFORMACIÓN

Llegados a este punto, surge una pregunta lógica: ¿podemos eliminar los silos de un plumazo y organizarnos como Spotify o Tesla?

La respuesta es no.

No porque no sea deseable, sino porque no es realista.

Las organizaciones no son máquinas que se reprograman de un día para otro. Son sistemas sociales. Y lo que realmente las sostiene no es solo la estructura formal, sino su cultura.

Cuando hablamos de cultura nos referimos al conjunto de pensamientos, valores y creencias que comparten las personas de una organización:

- **Pensamientos:** la forma en que la gente interpreta lo que ocurre. Por ejemplo, si ante un problema se piensa "mejor lo oculto" o "mejor lo comparto para resolverlo".

- **Valores:** lo que se considera importante y digno de reconocimiento. Puede ser la innovación, la obediencia, la colaboración o el logro individual. Los valores son la brújula que marca qué se premia y qué se tolera.

- **Creencias:** las ideas profundas que parecen obvias, aunque rara vez se discuten. "Aquí siempre ha sido así", "los jefes tienen la última palabra", "si te equivocas, lo pagas caro". Son las raíces invisibles que condicionan los comportamientos.

La cultura, en definitiva, no está escrita en un manual. Se manifiesta en lo que pasa todos los días, en los gestos pequeños, en las decisiones cotidianas.

Peter Drucker lo resumía con una frase famosa: la cultura se desayuna a la estrategia. Puedes tener un plan brillante en un PowerPoint, pero si los pensamientos, valores y creencias de la organización no lo sostienen, ese plan se quedará en papel mojado.

El caso de Nokia lo demuestra bien. Sobre el papel tenía recursos, tecnología y estrategia para enfrentarse a Apple y Google. Pero su cultura, marcada por silos y rivalidades internas, impidió que esa estrategia se convirtiera en acción. No fue la falta de visión lo que hundió a Nokia, sino una cultura que bloqueaba la verdad y frenaba la colaboración.

En el extremo opuesto, Spotify construyó su crecimiento sobre una cultura muy distinta: equipos pequeños y autónomos, confianza para tomar decisiones, comunicación abierta y un fuerte sentido de propósito compartido. Donde Nokia premiaba la obediencia y el silencio, Spotify fomentaba la transparencia y la experimentación. Ambas tenían talento y recursos; lo que marcó la diferencia fue la cultura.

CULTURA

Antes de crear Bravos junto a mi socia Lourdes, tuve la oportunidad de trabajar durante 18 años como directivo en distintas empresas grandes, en sectores tan diferentes como la venta, la tecnología y la industria. Esa experiencia me permitió ver de cerca cómo la cultura influye en todo: en la forma de trabajar, en la manera de organizarse y, sobre todo, en qué tipo de personas pueden brillar en cada organización.

Recuerdo perfectamente el caso de una persona brillante que se incorporó a una empresa tecnológica en la que trabajaba. Venía de entornos muy jerárquicos, donde había destacado gracias a su disciplina y su capacidad de cumplir con lo que se le pedía. Pero en esta empresa la cultura era radicalmente distinta: equipos pequeños, autonomía, confianza y muy poca supervisión. Lo que para muchos resultaba un espacio liberador, para él era una fuente constante de desconcierto. Acostumbrado a reportar cada paso, se perdía en un entorno donde debía marcar su propio rumbo y trabajar de manera colaborativa con otros equipos. Tras un año, no consiguió adaptarse.

Esa experiencia me dejó una lección que he visto repetida en numerosas ocasiones: el problema no era la persona, era el encaje cultural. El mismo talento que en una cultura jerárquica brillaba, en una cultura autónoma se apagaba. No había cambiado el profesional, había cambiado el terreno en el que debía crecer.

Para visualizar las diferencias culturales, el modelo de Cameron y Quinn resulta útil. Ellos distinguen cuatro grandes tipos:

- Clan: cercana, colaborativa, casi familiar. Buena para cohesionar, aunque puede volverse lenta.

- Adhocracia: innovadora y experimental. Rompe silos, pero corre el riesgo de dispersarse.

- Jerarquía: estable, basada en normas y procesos. Aporta control, pero es la que más refuerza silos.

- Mercado: competitiva y orientada a resultados. Impulsa rendimiento, aunque puede fomentar rivalidades internas.

Ninguna es perfecta. Todas tienen fortalezas y riesgos. Lo importante es identificar qué cultura predomina en tu organización y, sobre todo, si esa cultura es la adecuada para el entorno actual, donde la transversalidad es más necesaria que nunca.

La estrategia marca la dirección, pero la cultura es el terreno sobre el que camina esa estrategia. Y si el terreno no acompaña, la estrategia tropieza.

El problema de muchos intentos de "transformación" es precisamente ese: intentan saltar de golpe desde un modelo jerárquico y rígido a otro completamente plano y ágil. Y lo que ocurre es que la organización no lo soporta. Las personas no cambian su forma de trabajar ni su manera de relacionarse solo porque lo diga un plan estratégico.

Por eso, más que hablar de transformación, prefiero hablar de evolución. La evolución es gradual, pero consistente. Implica dar pasos que respeten la cultura existente y, al mismo tiempo, la empujen hacia un modelo más colaborativo.

En este sentido, lo transversal no se activa con discursos ni con organigramas nuevos. Se activa con herramientas concretas que permitan a las personas trabajar de otra manera sin chocar contra el sistema. Y una de las más poderosas es algo tan básico —y tan mal entendido— como gestionar el tiempo.

Capítulo 3
EL TIEMPO

Este capítulo empieza cuando dejas de correr dentro del tiempo.
Y empiezas a habitarlo.

Canción:
Beyond the time de Green Nomad

"Beyond the time
Am I still dreaming?"

EVOLUCIÓN, NO REVOLUCIÓN

En los últimos años se ha escrito mucho sobre nuevas formas de organización. Libros, conferencias y artículos celebran empresas planas, organizaciones felices o modelos donde todo se decide de manera compartida. El mensaje es potente y atractivo: el futuro será más colaborativo, más ágil y menos jerárquico.

El problema es que casi toda esa literatura habla del destino, pero muy poca explica el camino. Parece como si el cambio fuera inmediato: de una jerarquía rígida a una red de equipos autónomos con solo redibujar el organigrama y anunciar que, a partir de ahora, "somos una organización plana".

La realidad es otra.

Las organizaciones no son
máquinas que se reprograman con un clic.
Son sistemas sociales, sostenidos por cultura,
rutinas, expectativas y poder.
Y nada de eso cambia por decreto.

EL ESPEJISMO DEL MODELO IDEAL

Decir que una organización "plana" es mejor que una jerárquica es como decir que una ciudad ideal es aquella sin atascos, sin ruido y con parques infinitos. Todos estaríamos de acuerdo. La cuestión no es el destino, sino cómo llegar sin destruir lo que ya funciona.

Los silos existen por una razón: aportan estabilidad, orden y claridad de responsabilidades. Finanzas cuida las cuentas, operaciones los procesos, ventas los ingresos. Ese papel no puede desaparecer de un día para otro.

Por eso, hablar de revolución es peligroso. No porque el ideal no sea atractivo, sino porque no es realista pensar que se puede saltar directamente de una organización jerárquica a otra completamente ágil.

EVOLUCIÓN: EL ÚNICO CAMINO POSIBLE

Lo que hemos aprendido —y lo que nos dicen tanto la experiencia como la investigación— es que los cambios organizativos solo funcionan cuando se abordan como procesos evolutivos. Graduales, pero consistentes.

La cultura, como vimos en el capítulo anterior, cambia despacio. Y lo hace con una lógica muy simple: **quienes más se resisten al cambio son quienes tienen algo que perder.** Pedir a un directivo que apoye un cambio que reduce su poder es pedirle que respalde su propia descapitalización. Y eso nunca funciona.

Por eso, más que enfrentarnos a la jerarquía, necesitamos involucrarla. No se trata de quitarles poder, sino de ofrecerles un nuevo espacio de influencia. Hacer que participen en el diseño del cambio en lugar de convertirlas en opositoras naturales.

EL HUECO QUE NADIE EXPLICA

Aquí aparece la gran laguna de muchos discursos sobre "nuevas organizaciones": casi nadie explica cómo recorrer el camino intermedio. Cómo pasar de un modelo basado en silos a otro más colaborativo sin generar caos, sin perder lo que funciona y sin activar resistencias imposibles de gestionar.

Para que ese camino sea viable hace falta una palanca concreta, tangible y difícil de discutir. Una palanca que no ataque frontalmente el poder de los silos, pero que empiece a abrir espacios reales de trabajo transversal.

Esa palanca es el tiempo.

EL TIEMPO COMO PALANCA

Gestionar el tiempo no suena tan inspirador como hablar de culturas felices o de organizaciones sin jefes. Pero, en realidad, el tiempo es el recurso más escaso —y también el más infravalorado—, aunque es el que mejor revela qué es lo que una empresa realmente valora.

No importa lo que diga la estrategia.
Si no hay tiempo asignado a algo, ese algo nunca ocurrirá.
No importa lo que se escriba en los discursos.
Si las personas no tienen horas para dedicar a un proyecto,
ese proyecto nunca despegará.

Por eso, el tiempo es la moneda real de la organización. El presupuesto invisible que decide qué vive y qué muere.

El problema es que rara vez se gestiona con criterio. En los modelos jerárquicos, el tiempo se fragmenta y se consume en los silos: reuniones internas, reportes y tareas urgentes. Lo transversal siempre queda para "cuando haya un hueco".

La propuesta de este capítulo es simple y poderosa:
usar el tiempo como palanca de evolución organizativa.
Definir explícitamente qué parte del tiempo se dedica
al silo y qué parte a proyectos transversales.
Medirlo, protegerlo, ajustarlo.

Y aquí aparece el camino intermedio, porque no es un planteamiento revolucionario, sino evolutivo.

No se trata de eliminar a las direcciones de recursos humanos, operaciones o marketing, su papel es esencial. Se trata de abrir espacios transversales progresivos, medidos en tiempo, que permitan que la organización empiece a trabajar de otra manera sin chocar de frente con la jerarquía.

En otras palabras: no se trata de destruir los silos, sino de perforarlos poco a poco. Cada hora protegida para un proyecto transversal es un ladrillo que se retira del muro del silo.

 Y cuando eso ocurre de manera consistente, la cultura empieza a moverse.

EL PODER Y LAS ALINEACIONES DE MCCLELLAND

Hasta ahora hemos hablado de estructuras. A partir de aquí, hablamos de personas. Porque para entender por qué los silos se defienden con tanta fuerza, primero hay que entender qué motiva a quienes los lideran.

Hablar de cambio organizativo sin hablar de poder es engañarse. Porque al final, toda organización se construye en torno a cómo se reparte y se ejerce el poder: quién decide, quién controla los recursos, quién reconoce o castiga. Y cuando hablamos de romper silos y dar más espacio a la transversalidad, lo que en realidad estamos diciendo es que vamos a mover los equilibrios de poder.

Por eso, los cambios culturales suelen generar tanta resistencia. No porque la gente no entienda la lógica del cambio, sino porque intuye lo que puede perder en el proceso.

LAS MOTIVACIONES HUMANAS SEGÚN MCCLELLAND

El psicólogo David McClelland estudió durante años qué mueve a las personas dentro de las organizaciones. Su modelo identificó tres grandes necesidades:

- Logro: el deseo de superarse, de alcanzar metas exigentes, de demostrar capacidad.

- Afiliación: la necesidad de pertenecer, de generar vínculos y de ser aceptado por el grupo.

- Poder: el impulso de influir, de guiar, de tener un impacto en los demás o en el sistema.

Todas las personas tenemos las tres motivaciones en distinto grado. Pero en los equipos directivos, el poder ocupa un lugar central: es lo que define su rol y lo que sostiene su identidad.

Tres formas de ejercer el poder

McClelland también distinguió tres alineaciones del poder:

1. Poder personal: se ejerce para beneficio propio. Es el directivo que acumula información, recursos o influencia para proteger su posición.

2. Poder institucional: se ejerce para beneficio de la organización. Aquí el objetivo no es tanto el prestigio individual, sino asegurar que la institución funcione y perdure.

3. Poder social: se ejerce para beneficio del grupo. Se usa la influencia para fortalecer a los equipos, multiplicar capacidades y generar confianza.

En la práctica, todos los líderes se mueven entre estos tres polos. Lo que marca la diferencia es cuál predomina en los momentos de tensión.

Y es ahí donde se decide si un silo coopera… o bloquea.

EL RIESGO DE DESCAPITALIZAR EL PODER

Cuando proponemos cambios organizativos, a menudo lo planteamos mal: hablamos de "eliminar jerarquías" o de "quitar poder" a quienes ocupan posiciones de responsabilidad. Y con ese enfoque, es lógico que aquellos con poder formal se resistan. Nadie apoya una iniciativa que percibe como una amenaza a su identidad y a su trayectoria.

Por eso, la clave no está en descapitalizar, sino en alinear con el cambio. No en quitarles poder, sino en redefinir cómo lo ejercen.

Si el cambio se presenta como una pérdida ("vas a dejar de decidir, vas a tener menos control"), se activa el reflejo defensivo.

Si se presenta como una ampliación de su impacto ("vas a liderar no solo tu área, sino proyectos que atraviesan la organización"), la reacción es muy distinta.

EVOLUCIÓN CON PODER COMPARTIDO

El poder no desaparece: se redistribuye.

Y para que eso funcione, el equipo de dirección debe sentirse parte del proceso, no víctima de él.

Por eso, cuando hablamos de evolución organizativa, no podemos imaginar un escenario en el que finanzas, operaciones o ventas pierdan peso. Su papel seguirá siendo crucial. Lo que cambia es el equilibrio: ya no son reinos cerrados, sino nodos de un sistema más amplio.

En otras palabras: **si queremos romper los silos, necesitamos que las personas que los sostienen se conviertan en aliados del cambio.**

EL FALSO CONSENSO SOBRE EL CAMBIO

Preguntar en una organización si la gente quiere cambio es fácil. Casi todo el mundo levantará la mano: "sí, claro, necesitamos cambiar".

La paradoja aparece cuando la pregunta se formula de otro modo: ¿quién está dispuesto a cambiar? Entonces casi nadie la levantará.

Ese contraste refleja una verdad: nos gusta la idea abstracta del cambio, pero rechazamos la experiencia concreta de cambiar.

EL CAMBIO COMO AMENAZA

El cambio no solo implica nuevas formas de trabajar, también implica pérdida. Pérdida de certezas, de rutinas, de privilegios, de zonas de confort. Y el cerebro humano está programado para evitar la pérdida mucho más que para buscar la ganancia. La psicología lo llama "sesgo de aversión a la pérdida": perder duele el doble que lo que alegra ganar.

Por eso, incluso cuando el cambio parece lógico o inevitable, las resistencias aparecen de inmediato. No porque la gente no entienda la necesidad, sino porque siente que puede perder algo en el proceso.

- Una persona directiva puede temer perder estatus o control.

- Un mando intermedio puede temer perder claridad en su rol.

- Un técnico puede temer perder competencias que hasta ahora le daban seguridad.

EL ESPEJISMO DEL ENTUSIASMO

Aquí entra lo que podríamos llamar el "falso consenso del cambio".

En una reunión plenaria, todos asienten y muestran entusiasmo. Nadie quiere ser visto como el freno, nadie quiere quedarse fuera de la foto. Pero ese consenso se evapora en cuanto llega el momento de la práctica.

El resultado es un patrón muy común: proyectos de transformación que arrancan con entusiasmo inicial, pero que se van desinflando poco a poco. Lo que parecía un gran acuerdo se convierte en bloqueos silenciosos, dilaciones o resistencias pasivas.

ACOMPAÑAR, NO IMPONER

Acompañar no es renunciar al cambio, es la única forma de hacerlo sostenible.

El gran error es tratar de imponerlo como si fuera una orden más. En ese escenario, la resistencia se multiplica, porque cada persona lo percibe como una amenaza a su identidad o a su seguridad.

La única forma de que sea real es acompañar. Eso significa reconocer que la resistencia no es un defecto, sino una reacción natural. Significa dar espacio a las dudas, escuchar los miedos y ofrecer apoyos concretos.

Porque nada ocurre porque alguien lo plasme
en una presentación. Ocurre cuando las personas
lo integran en su día a día.

LA TRANSICIÓN EMPIEZA POR LO TANGIBLE

Después de entender las resistencias, toca hablar de acción. Y aquí entra en juego el tiempo. El cambio cultural es demasiado abstracto para gestionarlo en bloque. En cambio, el tiempo es tangible, medible, distribuible. Se puede asignar, proteger y monitorizar.

Si el cambio se traduce en una nueva cultura, suena lejano. Si el cambio se traduce en un calendario concreto —"un 20% de tu tiempo estará dedicado a proyectos transversales"— se vuelve real.

Por eso, la palanca del tiempo es tan poderosa: convierte la abstracción del cambio en una práctica diaria. Y lo hace sin tener que enfrentar de golpe todas las resistencias.

EL TIEMPO COMO MONEDA DE LA ORGANIZACIÓN

Las empresas están obsesionadas con gestionar dinero. Elaboran presupuestos hasta el último detalle, diseñan modelos de costes, proyectan ingresos. Cada euro está controlado. Lo mismo ocurre con los recursos materiales: inventarios, activos, instalaciones. Y, por supuesto, con las personas: organigramas, procesos de selección, evaluaciones de desempeño.

Pero hay un recurso aún más escaso y más determinante que el dinero, los activos o las personas: **el tiempo.**

Ya vimos que el tiempo es la moneda real de las organizaciones. Es el recurso que, al repartirse, revela qué es lo que de verdad importa.

No importa lo que diga la estrategia en un documento. Si no hay tiempo asignado, no ocurrirá.

Cada reunión, cada tarea priorizada y cada urgencia que ocupa un calendario es una declaración de intenciones. Lo que recibe tiempo, existe. Lo que no lo recibe, muere.

EL COSTE REAL DEL TIEMPO

Aquí conviene recordar algo que a menudo se olvida: el gasto en salarios es, en la mayoría de las empresas, el primer o segundo gasto operativo. En los sectores de servicios suele ser el primero; en los industriales, puede quedar solo por detrás de materias primas o logística. Eso significa que cada hora de trabajo tiene un coste directo. Cuando una persona dedica su tiempo a una tarea, la empresa está invirtiendo en ella una parte importante de su presupuesto.

Y, sin embargo, mientras que el dinero se mide con precisión, el uso del tiempo rara vez se gestiona con el mismo rigor. Sabemos con exactitud cuánto gastamos en salarios, pero no tenemos la misma claridad sobre a qué se dedica ese tiempo.

En los entornos industriales Lean, sin embargo, el tiempo siempre se ha tratado con rigor. En una planta de producción, el tiempo no es una abstracción: se traduce en ciclos, rendimientos y desviaciones medibles. Cada tarea tiene un estándar, cada mejora se documenta y cada minuto improductivo se convierte en una oportunidad de aprendizaje. El tiempo se mide, se analiza y se gestiona como un dato, no como una sensación.

Esa disciplina, sin embargo, rara vez ha llegado a las áreas de servicios. Durante buena parte del siglo XX, la producción fue el corazón de las empresas: concentraba personas, inversión y atención directiva. Los servicios —finanzas, marketing, recursos humanos o administración— cumplían un papel auxiliar.

Hoy la situación se ha invertido. Las fábricas se han automatizado y reducido, mientras que los servicios han crecido hasta convertirse en el centro operativo y económico de la mayoría de las organizaciones. Pero ese creci-miento no vino acompañado de la misma rigurosidad: las oficinas gestionan su tiempo sin estándares claros, sin métricas consistentes y, a menudo, sin una conciencia real de su coste.

La paradoja es evidente: los entornos donde el tiempo pesa menos son los que más lo desperdician. Recuperar parte de la mentalidad de operaciones —sin per-der la flexibilidad que requieren los servicios— es una de las grandes oportuni-dades para mejorar la productividad y el bienestar en las empresas del siglo XXI.

Gestionar mal el tiempo no es solo una ineficiencia organizativa: es malgas-tar el principal coste de la empresa en su cuenta de resultados, el salarial.

El tiempo atrapado en los silos

En los modelos jerárquicos, ese presupuesto invisible se asigna casi siempre dentro de los silos.

- Finanzas consume tiempo en reportes internos.

- Operaciones en resolver incidencias.

- Ventas en alcanzar objetivos comerciales.

- Personas en gestionar nóminas y procesos administrativos.

Todo eso es necesario, pero tiene un efecto colateral: lo transversal queda siempre relegado a los márgenes.

Los proyectos que atraviesan áreas —innovación, expansión internacional, transformación digital— dependen de encontrar "huecos". Y un hueco en la agenda no es tiempo disponible: es tiempo robado a las prioridades oficiales.

El resultado es previsible: proyectos transversales que avanzan más despacio de lo que deberían, que se postergan y que salen adelante a base de esfuerzo extra y favores personales.

Cuando el tiempo es la medida central: el caso de la consultoría

Hay un sector que entendió esta lógica desde hace décadas: la consultoría.

En las grandes firmas de auditoría, IT o estrategia, el tiempo no es solo un recurso, es la unidad básica de gestión. Todo se mide en horas. Horas dedicadas a clientes, horas facturadas, horas invertidas en formación o en proyectos internos.

Este modelo tiene ventajas claras:

- Claridad: cada hora se registra y se asigna a un proyecto concreto.

- Trazabilidad: se puede saber en qué se está invirtiendo el tiempo en cada momento.

- Priorización: los proyectos que reciben más horas son los que avanzan.

Pero también tiene riesgos evidentes:

- Rigidez: todo se traduce en horas, aunque no todas las horas tengan el mismo valor.

- Visión limitada: se corre el riesgo de medir el esfuerzo, no el impacto.

- Obsesión con la facturación: cuando la hora se convierte en fin en sí mismo, se pierde de vista el propósito real del trabajo.

Aun con esas limitaciones, el modelo de consultoría deja una lección clave: si quieres que algo ocurra, dale tiempo explícito. Lo que no recibe horas asignadas se convierte en residual, aunque aparezca en todos los discursos estratégicos.

TIEMPO COMO PALANCA DE CAMBIO

Esa es la lógica que necesitamos trasladar a cualquier organización que quiera evolucionar. El tiempo no puede seguir atrapado en los silos ni relegado a los márgenes. Debe ser asignado de forma explícita también a lo transversal. De esta manera, lo transversal deja de ser un discurso y se convierte en una práctica diaria.

Y lo mejor: este enfoque no enfrenta de golpe a los silos, sino que los perfora poco a poco, abriendo espacios de colaboración real.

DISEÑAR UN MODELO HÍBRIDO DE ASIGNACIÓN DE TIEMPO

Si entendemos que el tiempo es el recurso más valioso de una organización, el siguiente paso es decidir cómo se reparte. Y aquí es donde entra en juego el concepto de un modelo híbrido.

En la mayoría de empresas, casi el 100% del tiempo
se consume en las tareas propias del silo: finanzas en finanzas,
operaciones en operaciones, ventas en ventas.
Lo transversal queda relegado a lo residual,
a ese famoso "cuando haya un hueco".
El modelo híbrido propone algo distinto:
definir explícitamente un porcentaje de tiempo
para el área y un porcentaje para proyectos transversales.

No hace falta empezar con grandes experimentos. Basta con plantear un reparto inicial. Sirva esto de ejemplo:

- 75% del tiempo en tareas de área.

- 25% del tiempo en proyectos transversales.

Ese 25% no surge de la improvisación ni del voluntarismo. Está protegido, asignado desde el inicio y monitorizado. Significa que, en lugar de esperar a que "sobre tiempo", la organización reconoce que lo transversal también es prioritario.

Conviene aclarar algo importante: asignar tiempo a proyectos transversales no significa que todo un departamento deba participar en ellos. Lo transversal no requiere la implicación de todos, sino la participación representativa de quienes puedan aportar más valor en cada momento. En algunos casos será una persona; en otros, un pequeño grupo; y en otros, todo un equipo si la naturaleza del proyecto lo exige.

Lo esencial no es cuántos participan, sino que la organización tenga la flexibilidad para movilizar el talento adecuado en el momento adecuado.

La figura siguiente lo ilustra: cada área mantiene el 75% de su dedicación a lo propio (finanzas, operaciones, ventas, IT), pero reserva explícitamente un 25% para proyectos transversales como "Proyecto China" o "Producto X".

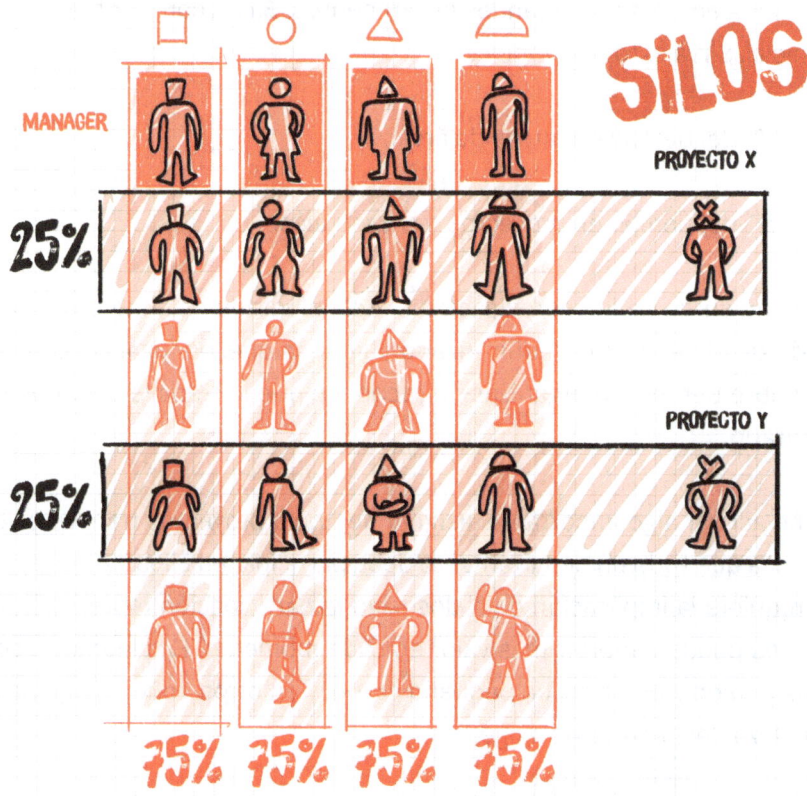

*Ejemplo de modelo híbrido: cada área dedica el 75% del tiempo
a su actividad principal y un 25% a proyectos transversales*

Un ejemplo práctico

Imaginemos un departamento de IT.

Durante el 75% del tiempo se dedica a mantener sistemas, resolver inciden-cias y dar soporte al resto de la organización. Pero durante el 25% restante, un grupo de personas trabaja en un proyecto transversal de innovación: im-plementar una nueva plataforma de analítica avanzada junto a operaciones y finanzas.

Ese 25% protegido cambia las reglas del juego:

- El proyecto transversal no depende de "tiempos muertos".

- Los demás departamentos saben que IT está disponible en ese bloque.

- El progreso se mide de forma más clara, porque existe un compromiso de horas.

Este enfoque no es rígido. El 75/25 es solo un ejemplo, un punto de partida para visualizar cómo podría funcionar. Habrá momentos en que un proyecto transversal requiera más recursos y entonces se suba al 30% o 40%. En otros, quizá baste con un 10%.

Lo importante no es la cifra exacta,
sino que exista un marco explícito.
Porque lo que no se mide no se protege, se pierde.

Asignar una parte del tiempo a proyectos transversales no elimina los silos. Pero sí abre una grieta. Y a través de esa grieta empiezan a circular nuevas dinámicas: colaboración, confianza, aprendizaje compartido.

Lo interesante es que esa grieta no amenaza directamente el poder de los silos, porque la mayor parte del tiempo sigue protegida. Al contrario: las personas con poder formal se sienten aliviadas de no tener que cargar en solitario con proyectos transversales, que bajo el modelo tradicional suelen convertirse en un dolor de cabeza.

El resultado es un escenario ganar-ganar: las áreas, las direcciones y los managers mantienen su relevancia y, al mismo tiempo, la organización empieza a acostumbrarse a trabajar de manera transversal.

Este modelo híbrido tiene una ventaja clave: convierte el cambio cultural en una práctica concreta. No se trata de discursos inspiradores ni de organigramas muy bien dibujados. Se trata de horas protegidas en la agenda de las personas.

Y cuando eso ocurre de manera consistente, la cultura se mueve. Lo transversal deja de ser un ideal y se convierte en parte de la rutina.

OKRS Y GESTIÓN DEL TIEMPO

Hasta aquí hemos hablado del "qué" y del "por qué".

Ahora toca bajar al terreno práctico: cómo asegurarnos de que el tiempo asignado no se diluye, sino que empuja de verdad a la organización en la dirección correcta. Una de las respuestas más útiles está en los OKRs. Los OKRs —*Objectives and Key Results*— son una metodología popularizada por Intel y Google, y hoy extendida a todo tipo de organizaciones. Su lógica es sencilla:

- **Objetivos (O):** definen *qué* queremos conseguir, en términos inspiradores y estratégicos.

- **Resultados Clave (KR):** definen *cómo* mediremos que avanzamos hacia ese objetivo, con indicadores concretos y verificables.

Ejemplo sencillo:

- **Objetivo:** *Mejorar la experiencia del cliente digital.*

- **Resultados Clave:**

  - Reducir en un 30% las incidencias en la plataforma online.

  - Aumentar en un 20% la satisfacción medida en encuestas post-servicio.

  - Lograr que el 80% de las peticiones se resuelvan en menos de 24 horas.

La fuerza de los OKRs es que obligan a traducir la ambición en métricas claras.

Un error común es pensar que los OKRs son simplemente una forma más sofisticada de marcar objetivos dentro de un departamento. No lo son.

Por su naturaleza, los OKRs son proyectos transversales.

- "Expandirnos en un nuevo mercado" no puede hacerlo solo ventas: necesita a operaciones, finanzas, personas y marketing.

- "Mejorar la experiencia del cliente" no es un asunto solo de atención al cliente: implica también a IT, producto y comunicación.

- "Reducir la huella de carbono" no pertenece a una única área: afecta a toda la cadena de valor.

CONECTAR LOS OKRS CON EL TIEMPO

Hasta aquí, los OKRs nos ayudan a aclarar qué es importante y qué no lo es. Pero en muchas organizaciones ocurre siempre lo mismo: los objetivos están bien definidos… y aun así no avanzan.

La razón no suele estar en la ambición ni en la claridad estratégica, sino en algo mucho más básico: nadie ha reservado tiempo real para trabajar en ellos.

Aquí está el giro clave: no basta con definir los OKRs, hay que asignar tiempo explícito a ellos.

Un objetivo transversal no se cumple con discursos. Se cumple cuando existe un porcentaje claro de horas, de diferentes áreas, reservadas para avanzar en él.

Ese porcentaje no es único ni fijo: puede ser un 10%, un 25% o un 40%, según la madurez y las necesidades de cada organización. Lo importante es que exista y se proteja.

El modelo que proponíamos antes (por ejemplo, un 75% del tiempo para el área y un 25% para proyectos transversales) sirve únicamente como punto de partida. Cada empresa debe encontrar su propio equilibrio en función de su contexto, su sector y su capacidad de absorción del cambio.

La clave no está en el número exacto, sino en el principio: reservar tiempo real para los OKRs, entendidos como proyectos transversales.

Y si un OKR pertenece solo a un departamento, probablemente no es un verdadero OKR. Será un proyecto de eficiencia departamental.

En resumen

La gestión del tiempo y los OKRs se refuerzan mutuamente:

- Los OKRs dan dirección y foco.

- El tiempo asignado garantiza que esa dirección se traduzca en acción.

Proponer que cada organización asigne un porcentaje concreto de tiempo a sus OKRs transversales —el que tenga más sentido para su situación— es una forma simple pero poderosa de empezar a evolucionar.

Cada hora protegida que se dedica a un objetivo común es un ladrillo más en la construcción de una cultura colaborativa.

EL EQUILIBRIO: DIRECCIÓN, SILOS Y TRANSVERSALIDAD

Hasta ahora hemos insistido en la importancia de abrir grietas en los silos y asignar tiempo explícito a proyectos transversales. Pero conviene subrayar algo esencial: los silos no van a desaparecer.

Y, de hecho, no deberían desaparecer.

Como veíamos antes, los silos existen porque cumplen un propósito: finanzas asegura la solvencia, operaciones que los procesos funcionen, ventas que entren ingresos y personas que el talento se gestione adecuadamente. Pretender que esas áreas se diluyan por completo en nombre de la transversalidad sería ingenuo y peligroso. Sin la estabilidad que aportan, la organización perdería control y dirección.

Por eso, la clave no está en elegir entre silos o transversalidad. La clave está en combinarlos de forma dinámica: lo suficiente de silos para dar estabilidad y lo suficiente de transversalidad para dar velocidad.

Podemos pensarlo como un coche: necesita freno y acelerador. El freno da seguridad; el acelerador, movimiento. Con solo freno, no avanzamos. Con solo acelerador, nos estrellamos. Lo mismo ocurre en las organizaciones: la estabilidad de los silos y la agilidad de lo transversal no son opuestos, son complementarios.

La evolución, por tanto, no consiste en destruir los silos, sino en equilibrarlos con proyectos transversales. Y ese equilibrio solo es posible si el equipo de dirección acompaña el proceso.

No se trata de reducir su poder ni de convertirlos en irrelevantes. Al contrario: se trata de darles un rol activo en el cambio, de ampliar su impacto más allá de su propio feudo. Cuando el equipo de dirección y los responsables de áreas entienden que la transversalidad no les resta poder, sino que les permite influir en toda la organización, la dinámica cambia por completo. Dejan de ser guardianes de su silo para convertirse en arquitectos del sistema.

Por eso, cuando hablamos de evolucionar hacia organizaciones más colaborativas, lo fundamental es que quienes ocupan posiciones de liderazgo no se sientan víctimas del cambio. Si lo perciben como una pérdida de poder, resistirán. Si lo perciben como una oportunidad de ampliar su impacto, se convertirán en aliados.

Y solo teniendo aliados en la dirección se puede sostener un cambio profundo.

EL TIEMPO COMO PALANCA DE BIENESTAR Y CONTROL

Todo lo anterior converge aquí.

Imaginemos que ya tenemos el modelo en marcha. Contamos con tableros, un software para medir la estimación de tiempos invertidos en cada proyecto y en cada área. Tenemos la voluntad del equipo de dirección, tenemos el sistema... pero todavía falta algo esencial: las personas.

Son ellas quienes deben empezar a trabajar bajo esas métricas, estimar su tiempo, organizarlo y repartirlo. Y esto, en la mayoría de empresas, es algo nuevo. La mayoría de profesionales nunca han tenido que pensar en términos de "cuánto tiempo dedico a esta tarea o a este proyecto" o "qué parte de mi semana va aquí o allá".

He tenido la oportunidad de escalar metodologías agiles en muchos departamentos y en diferentes empresas, y hay algo que se repite casi siempre: la reacción de las personas es mucho mejor de lo que se imagina.

El miedo a cómo responderán a este reto —empezar a gestionar su tiempo de forma explícita— suele ser el primer gran freno a la hora de "comprar" este tipo de cambios. Sin embargo, salvo casos muy puntuales y excepcionales, tanto managers como miembros de equipo han abrazado el cambio con entusiasmo.

Aunque al principio pueda resultar abrumador, lo importante no es la precisión, sino empezar a dar pasos. Que los equipos hagan sus primeras aproximaciones de tiempo, aunque sean imperfectas.

A partir de ese primer paso ocurre algo muy poderoso: aparece una sensación de control y de calma que antes no existía.

Y eso es especialmente relevante para quienes están más comprometidos con su trabajo.

Las personas con alto compromiso trabajan siempre bajo la sombra de un tsunami: una ola inmensa de tareas pendientes que parece que en cualquier momento va a arrasar con todo. Esa sensación genera estrés. Y cuando se mantiene en el tiempo, se cronifica y puede terminar en agotamiento profundo o incluso depresión. Especialmente cuando, además de su propio trabajo, esas personas tienen que "empujar" por su departamento. Sobra decir como acaba esto.

Aquí es donde la planificación por tiempo cambia por completo esa dinámica. Si arrancas la semana el lunes con un sprint definido y terminas el viernes entregando lo planificado, ocurre algo casi mágico: puedes cerrar la semana con la satisfacción de haber cumplido. El equipo recibe la felicitación, se reconoce el esfuerzo y el fin de semana deja de ser un tiempo de ansiedad por lo pendiente para convertirse en un tiempo real de descanso.

Eso es bienestar. Bienestar real, no teórico. Poder irte de vacaciones sabiendo que no tienes una montaña infinita de trabajo esperando, sino que la planificación ya contempló lo que tocaba hacer y lo que no.

Además, los equipos se adaptan rápido. En apenas cuatro o cinco semanas —sí, tan poco tiempo— la mayoría ya están funcionando solos. Es cierto que al principio las estimaciones de tiempo no son exactas, pero no pasa nada: la precisión se va afinando con la práctica. Lo que importa al principio es arrancar.

Con el tiempo —al cabo de un año— el nivel de refinamiento suele ser altísimo. Pero la verdadera ganancia aparece desde el primer día: las personas empiezan a sentirse dueñas de su tiempo. Y cuando eso ocurre, el estrés baja y la motivación sube.

Además, cuando el tiempo se gestiona así, aparece otra palanca clave: la autonomía. Cada persona sabe qué se espera de ella esa semana. Tiene margen para organizarse, para aprender, para afrontar retos sin quedar atrapada en el caos. La autonomía bien acompañada es una de las mayores fuentes de motivación.

Y esto nos lleva a la idea final del capítulo: **el control.**

La gestión del tiempo nos permite cambiar la lógica tradicional: pasamos de controlar al trabajador a controlar el trabajo. Lo que importa no es a qué hora se conecta alguien, ni si está físicamente en la oficina, ni si su jefe lo ve "ocupado". Lo que importa es que al final de la semana se ha entregado el trabajo acordado en el tiempo previsto.

Esa es la base para habilitar modelos de trabajo híbrido o remoto sin caer en la desconfianza. Porque cuando el control está en el trabajo —no en la persona—, se abren posibilidades que antes parecían imposibles.

En el momento en que se activa esta palanca final, todo cobra sentido:

- La dirección tiene visibilidad.

- Los equipos tienen autonomía.

- La organización encuentra equilibrio entre silos y transversalidad.

- Y las personas encuentran bienestar y motivación.

El tiempo deja de ser una amenaza y se convierte en una herramienta. La ola de tsunami se convierte en un río que fluye con ritmo constante. Y ese es, al final, el mayor cambio cultural que podemos lograr.

Capítulo 4
EL DATO

El dato no crea la realidad.
La deja al descubierto.

Canción:
New Day de **Karnivool**

**"This is a new day
And I feel alive..."**

LA ERA DEL DATO

Todo lo que hacemos, compramos, buscamos o compartimos deja un rastro digital que alguien recoge, procesa y convierte en información valiosa. El dato se ha convertido en el nuevo petróleo del siglo XXI. No porque sea un recurso escaso, sino precisamente porque es abundante y, bien procesado, tiene un valor incalculable.

Los gobiernos lo saben. Las elecciones se ganan o se pierden en función de cómo se analizan y se utilizan los datos de millones de ciudadanos. Desde campañas de publicidad segmentadas hasta políticas públicas diseñadas con modelos predictivos, el dato se ha convertido en una herramienta de poder.

Las grandes corporaciones también lo saben. Empresas como Google, Amazon o Meta valen lo que valen porque dominan el ciclo completo del dato: lo recogen, lo procesan, lo convierten en información y luego en negocio. Algunos en control. Amazon no solo sabe lo que compras, sino también lo que probablemente comprarás. Google anticipa tus necesidades antes de que termines de teclear una búsqueda. Y no es magia: son datos.

Pero no se trata solo de los gigantes. También pequeñas startups crecen únicamente alrededor del dato. Aplicaciones que monitorizan la salud, el sueño, el transporte o el consumo de energía nacen, se financian y prosperan porque saben convertir datos en servicios de valor.

Hoy el dato ya no es un subproducto de la actividad empresarial, es un activo estratégico. Las empresas que saben gestionarlo crecen; las que no, se quedan atrás.

La reflexión que nos interesa aquí es que esta lógica no se aplica solo al mundo macro. Lo mismo que ocurre en gobiernos y corporaciones ocurre también en las empresas de cualquier tamaño. La diferencia está en la escala. Y la pregunta es inevitable: si el dato es la materia prima más valiosa del siglo XXI, ¿cómo lo estamos usando dentro de nuestras organizaciones?

DEL MACRO AL MICRO: EL DATO EN LAS ORGANIZACIONES

Si en el mundo macro los datos mueven elecciones, estrategias y mercados, en el mundo micro —el de las organizaciones— ocurre algo parecido: el dato determina cómo usamos nuestros recursos más valiosos. Y aquí hay uno que siempre está en el centro: el tiempo de las personas.

La masa salarial es, como ya hemos visto, con diferencia el principal coste operativo de la mayoría de las empresas. Sin embargo, aunque sabemos con exactitud cuánto pagamos en sueldos, rara vez sabemos con la misma precisión a qué se dedica ese tiempo. Y si no sabemos en qué se invierte, no sabemos cuánto nos cuesta realmente cada cosa que hacemos.

En este sentido, el sector de la consultoría ofrece una lección muy clara. Su modelo de negocio gira en torno al dato del tiempo. Una consultora asigna horas por persona, sabe cuánto cuesta cada hora en función del perfil (junior, senior, socio...) y a partir de ahí calcula el coste del proyecto.

 20 horas de un analista.

 50 horas de un consultor senior.

 10 horas de un socio.

El resultado es el presupuesto del proyecto, al que se le añade un margen. El sistema es simple y objetivo: si no sé cuántas horas necesito, no sé cuánto cuesta el proyecto.

Y, sin embargo, en la mayoría de empresas no se funciona así. Cuando planteas una pregunta tan básica como «¿cuánto tiempo estamos dedicando realmente a lo que hacemos?», la reacción suele ser el silencio. No porque no importe, sino porque no lo sabemos.

Aquí aparece la primera gran contradicción: controlamos con precisión el principal coste operativo de la empresa —la masa salarial—, pero no sabemos en qué se consume el tiempo que la genera.

En el capítulo anterior hablábamos de la importancia de gestionar el tiempo. Ahora podemos verlo desde otra perspectiva: el dato. Porque el dato del tiempo es, en el fondo, dinero distribuido en horas.

PARKINSON Y EL TIEMPO QUE SIEMPRE SE LLENA

Existe una ley no escrita que se cumple en casi todas las organizaciones: la Ley de Parkinson. Formulada en los años 50 por Cyril Northcote Parkinson, sostiene que *"el trabajo se expande hasta llenar el tiempo disponible para que se termine"*.

Lo vemos en la vida diaria: si tenemos un plazo de una semana para hacer un informe, lo más probable es que tarde una semana en estar listo. Si el plazo es un mes, se alargará hasta el mes entero.

Lo mismo ocurre con la capacidad de almacenamiento de tu teléfono móvil, si tiene 128 GB, se llenará. Si tiene 256 GB, también. Siempre encontramos la manera de ocuparlo todo.

En el trabajo pasa igual. **Cuando los equipos disponen de más tiempo o de más recursos, rara vez se traduce en un mayor valor entregado. Lo que suele ocurrir es que los procesos se alargan, las revisiones se multiplican y aparecen capas de burocracia que antes no existían.**

La Ley de Parkinson no es solo una idea teórica. Se manifiesta con especial claridad cuando el tiempo o los recursos se reducen. En momentos de crisis o por limitaciones presupuestarias, me ha tocado ver reducciones significativas de personal en las que, sorprendentemente, el trabajo seguía saliendo. La presión inicial era mayor, pero con menos recursos las personas tendían a priorizar, eliminar pasos innecesarios y simplificar procesos. La paradoja es clara: menos capacidad no redujo el output, sino que obligó a concentrarse en lo esencial.

La administración pública, sin embargo, ofrece un ejemplo opuesto de esta misma dinámica. El exceso de capacidad de tiempo para procesar trámites suele generar más trámites. El proceso se hace más largo y más complejo, no porque lo requiera el ciudadano, sino porque el sistema se entretiene en sí mismo. Quien haya pasado por una ventanilla lo entiende al instante.

La lección de la Ley de Parkinson es simple: cuando el tiempo sobra, rara vez se convierte en productividad; casi siempre se diluye en tareas que nadie necesita.

EL COSTE INVISIBLE DE LAS HORAS

Si la Ley de Parkinson nos muestra que el trabajo tiende a ocupar todo el tiempo disponible, la siguiente pregunta es inevitable: ¿tenemos el dato de cuánto nos cuestan esas horas que llenamos?

La mayoría de las organizaciones no tienen una respuesta clara. Sabemos con exactitud cuánto gastamos en sueldos, pero rara vez transformamos ese gasto en un dato útil: cuántas horas se destinan a cada proceso, función o actividad fuera de las áreas de producción. Y si no tenemos ese dato, en realidad no sabemos cuánto cuesta lo que hacemos.

Aquí aparece lo que podríamos llamar el coste invisible de las horas. Es un coste que no suele estar en los presupuestos, pero que erosiona silenciosamente la rentabilidad de las empresas.

Pensemos en algunos ejemplos comunes:

- **Procesos manuales innecesarios.**

  En muchas organizaciones, equipos enteros dedican horas a tareas que podrían automatizarse sin dificultad: copiar datos de una hoja de cálculo a otra, introducir información manualmente en sistemas que no se comunican entre sí o rehacer trabajos ya realizados en otro departamento. Cada una de esas horas tiene un coste real, aunque rara vez se contabilice.

- **Trabajo administrativo en lugar de trabajo de valor.**

  Profesionales altamente cualificados —y bien remunerados— invierten una parte significativa de su tiempo en reportes, validaciones o tareas de control que no aportan valor directo al cliente ni al negocio. No es que esas tareas no sean necesarias, es que no deberían ocupar el tiempo de quien tiene mayor impacto potencial.

- **Reuniones mal dimensionadas o mal diseñadas.**

  Las reuniones son uno de los mayores sumideros de tiempo en las organizaciones. Horas y horas de personas cualificadas que, si se convirtieran en dato, mostrarían un coste sorprendentemente alto. Basta con multiplicar el coste empresa de cada asistente por la duración de la reunión para empezar a entender la magnitud del problema.

Este último punto ha generado incluso decisiones radicales. Jeff Bezos, fundador de Amazon, estableció la llamada regla de las dos pizzas: si dos pizzas no alcanzan para alimentar a los asistentes de una reunión, es que hay demasiada gente en ella. Además, prohibió las presentaciones en PowerPoint y las sustituyó por memos narrativos que todos leen al inicio. Con esto buscaba reducir la pérdida de tiempo en encuentros poco productivos.

Ahora bien, tampoco se trata de eliminar todas las reuniones. Una empresa sin reuniones no es una empresa, porque el trabajo en equipo requiere coordinación, conversación y decisión compartida. La clave está en convertir las reuniones en un dato consciente: saber cuánto cuestan, para poder decidir cuáles valen la pena y cuáles no.

Cada uno de estos casos —por ejemplo, procesos manuales, tareas administrativas o reuniones, de los muchos que se encuentran en una organización— es un agujero por el que se escapan recursos valiosos. Y lo más llamativo es que, como no los medimos, no los convertimos en dato y ni siquiera somos conscientes del tamaño de esa fuga.

Cuando las organizaciones empiezan a ver esas cifras, la reacción suele ser la misma: sorpresa. Porque lo que parecía un coste marginal se convierte en cientos de miles de euros al año, e incluso en millones. Porque lo que parecía una tarea imprescindible resulta ser una costumbre heredada. Y porque lo que se percibía como "tiempo de trabajo" muchas veces es, en realidad, tiempo desperdiciado convertido en dato.

Y esta forma de mirar y medir el tiempo no nace de una inquietud teórica, ni de una solución que encontrara ya hecha en el mercado. Nace de una necesidad muy concreta. En distintos momentos de mi carrera, el coste de la masa salarial fue un factor crítico para poder tomar decisiones sobre cómo desarrollar el negocio, y no había herramientas que permitieran ver con claridad en qué se estaba yendo ese tiempo.

No había margen para crecer añadiendo más coste, y tampoco para decidir a ciegas. Necesitaba una manera objetiva de entender cuánto nos costaba realmente cada actividad interna para poder liberar recursos, priorizar mejor y hacer la organización más eficiente sin recurrir a recortes indiscriminados. No era una cuestión de optimización, sino de supervivencia.

Con el tiempo, ese trabajo fue tomando forma de metodología. Y, sinceramente, ojalá alguien me la hubiera puesto delante años antes. Como director de personas, habría cambiado por completo la manera de tomar decisiones. Poder ver con claridad cuánto cuesta realmente cada actividad interna es una ventaja enorme cuando tienes que hacer que la empresa avance con recursos limitados.

QUÉ OCURRE CUANDO EL TIEMPO SE CONVIERTE EN DATO

Todo lo anterior puede sonar a teoría, pero no lo es. Cuando una organización empieza a tratar el tiempo como un dato, los descubrimientos son inmediatos. Aparecen patrones invisibles hasta ese momento que cambian la manera de gestionar áreas clave del negocio.

En una organización comercial, por ejemplo, al analizar cómo se distribuía el tiempo del equipo de ventas, descubrimos que el 48,7 % se dedicaba a tareas de fidelización y seguimiento. Muchas de ellas servían para mantener el contacto con clientes existentes, incluso cuando ese contacto no había sido solicitado. Y lo más relevante: ese esfuerzo no estaba generando ventas nuevas ni ingresos adicionales. El dato fue demoledor: casi la mitad del tiempo comercial no estaba impulsando el crecimiento. La decisión fue clara: invertir en mejorar el flujo de pedidos y automatizar parte de la carga administrativa, liberando a los vendedores de tareas de bajo valor. El resultado: más tiempo en venta activa, menos desgaste, mejores resultados con el mismo equipo. Más ventas, sin contratar a nadie más.

Algo muy similar ocurrió en el área financiera de otra organización. Al convertir el tiempo en dato, se hizo visible que el 73 % del esfuerzo total se concentraba en tareas repetitivas de contabilidad: conciliaciones, registros manuales y procesos rutinarios. Al traducir ese tiempo a coste, el impacto ascendía a varios cientos de miles de euros al año.

Ese dato permitió algo fundamental: tomar una decisión tecnológica con criterio. La inversión en un nuevo software —que antes parecía un gasto difícil de justificar— resultó ser claramente inferior al coste real de esas horas de trabajo. La automatización liberó recursos y permitió dedicar tiempo a proyectos transversales y OKR que sí requerían atención estratégica. Lo que antes se percibía como un coste pasó a ser una decisión con retorno claro.

Estos ejemplos comparten un patrón común. Cuando el tiempo se convierte en dato, aparecen oportunidades que antes no se veían. Oportunidades que no exigen más recursos, sino gestionar de otra manera los que ya existen.

QUÉ SIGNIFICA VALOR Y QUÉ ES DESPERDICIO

El concepto de valor y desperdicio no nació en una sala de juntas ni en un manual académico, sino en una fábrica de coches en Japón. Tras la Segunda Guerra Mundial, Toyota no podía competir con los gigantes americanos en tamaño ni en recursos. La única opción era ser más eficiente. Y lo lograron midiendo absolutamente todo: cuántos segundos tardaba un operario en cambiar una pieza, cuántos pasos daba para buscar una herramienta, cuántos materiales quedaban almacenados sin usarse.

Al convertir cada movimiento en dato, descubrieron que una gran parte del esfuerzo no añadía nada al producto final. El cliente no estaba dispuesto a pagar por traslados innecesarios, esperas o inventarios inmovilizados. Ese fue el origen del sistema Lean: distinguir lo que aporta valor de lo que es puro desperdicio, y eliminar este último para liberar capacidad.

Hasta ahora hemos visto cómo, al convertir el tiempo en dato, aparecen ineficiencias invisibles. Pero para entender de verdad qué hacer con esos descubrimientos, necesitamos distinguir dos conceptos fundamentales: valor y desperdicio.

En la cultura Lean, **valor es todo aquello que el cliente percibe y por lo que está dispuesto a pagar. Todo lo demás es desperdicio.** Tan simple y tan radical como eso.

Ahora bien, hablar de desperdicio no significa señalar a las personas. Pero tampoco podemos dar por sentado que todas las tareas y procesos aportan valor al cliente. Hay procesos duplicados, pasos burocráticos o actividades rutinarias que consumen tiempo sin que nadie lo cuestione y que no añaden nada al resultado final.

El cliente no valora si para emitir una factura hubo tres validaciones internas o una. Tampoco si para preparar un pedido hubo que rellenar diez formularios distintos. Lo único que percibe es si recibe lo que compró, en plazo y con calidad.

Y conviene recordarlo: todos esos costes internos los acaba pagando el cliente. Si el margen lo permite, no se nota o se nota menos. Pero cuando no es así, la empresa lo sufre directamente en rentabilidad y competitividad.

Las metodologías ágiles lo plantean de otro modo: todo lo que retrasa la entrega de valor real es desperdicio. Por eso promueven iteraciones cortas, foco en lo esencial y transparencia sobre el trabajo. No se trata de hacer más, sino de hacer mejor lo que realmente importa.

Y aquí hay algo muy positivo: cuando dejamos de consumir tiempo en actividades que no añaden valor, liberamos capacidad para aquellas que sí lo hacen. En casi todas las organizaciones hay proyectos transversales esperando: iniciativas estratégicas, mejoras de procesos, innovación, desarrollo de nuevos productos, implantación de OKR's. El problema es que nunca hay "tiempo suficiente" para abordarlos.

Medir permite poner nombre y cifra a esa realidad. Porque solo cuando distinguimos entre valor y desperdicio podemos tomar decisiones objetivas:

- ¿Qué mantenemos porque crea valor directo para el cliente?

- ¿Qué simplificamos para ganar agilidad?

- ¿Qué automatizamos o eliminamos para liberar tiempo hacia iniciativas que hoy están en lista de espera?

La clave es esta: **no se trata de trabajar más, sino de trabajar mejor. No de apretar a las personas, sino de liberar su energía hacia aquello que realmente mueve la empresa hacia adelante**. Al final, todos preferimos dedicar nuestro tiempo a un proyecto retador, donde podamos dejar huella, antes que invertir horas en tareas administrativas repetitivas que nadie valora.

MEDIR PARA LIBERAR

Cuando hablamos de medir, muchas organizaciones sienten una resistencia automática: "esto suena a control". Es lógico, porque durante años medir se asoció con fiscalizar, con vigilar, con limitar.

Pero esa no es la idea. Medir es liberar.

Medir significa convertir el tiempo en dato. Y ese dato no sirve para vigilar personas, sino para descubrir oportunidades.

- Medir es liberar tiempo: dejar de gastar horas en actividades de bajo valor e invertirlas en proyectos estratégicos.

- **Medir es liberar recursos:** asignarlos allí donde generan el mayor impacto, en lugar de dispersarlos.

- **Medir es liberar valor:** permitir que los equipos trabajen en aquello que realmente impulsa a la empresa hacia adelante.

Cuando el tiempo se convierte en dato, cambian las conversaciones. Ya no hablamos de percepciones ni de suposiciones, sino de evidencias claras. No se trata de "me parece que necesitamos más gente", sino de ver en qué se nos va el tiempo y qué retorno genera.

Ese es el poder del dato del tiempo: poner sobre la mesa lo que antes era invisible, y abrir la puerta a decisiones más objetivas, más ágiles y más estratégicas.

Y quiero acabar este capítulo con algo personal. Soy, ante todo, un humanista. Ni una larga carrera en la dirección de personas ha conseguido truncar mi fe en las personas. En ocasiones, al enseñar el modelo de Bravos, me han dicho: *"Esto encajaría muy bien en un proceso de M&A o en una reestructuración para eliminar costes de personal"*.

Mi respuesta siempre es la misma: nosotros no trabajamos para reducir, trabajamos para liberar. Nosotros no reestructuramos, reorganizamos. Para que crezcan las empresas, y para que crezcan quienes trabajan en ellas.

Para reestructurar, ya hay otros.

Parte II

Las personas en el centro

Capítulo 5
EL LIDERAZGO

Liderar es no traicionarte.
Aunque eso implique caminar solo un tiempo.

Canción:
Walk de Blind Melon

**"I don't want to be
Anything other than what I am"**

EL CANSANCIO DE SEGUIR HABLANDO DE LIDERAZGO

Mientras pensaba en este libro, sabía que tarde o temprano tendría que escribir un capítulo sobre liderazgo. Y, sinceramente, es un tema que me satura. He leído infinidad de libros, visto conferencias y asistido a formaciones con la fórmula mágica para convertirse en un líder ideal. Y todos acaban cayendo en lo mismo: dibujar una figura casi perfecta, un héroe capaz de inspirar, motivar, enseñar, desarrollar y transformar a las personas que tiene alrededor.

La realidad es que esa figura casi nunca existe. Esperar que todo el mundo se comporte como un líder perfecto es una utopía. No va a suceder.

Y el cansancio me viene precisamente de ahí: de la brecha entre lo que se predica y lo que de verdad pasa en las organizaciones. En la teoría, parece que cualquier persona con un cargo directivo puede y debe convertirse en un "líder completo". En la práctica, todos sabemos que no funciona así. Las necesidades de los puestos y las características de las personas son demasiado diversas como para pensar que todos van a convertirse en líderes inspiradores, formadores y transformadores.

Eso no significa que no existan grandes líderes. Claro que existen, y cuando tienes la suerte de encontrarte con uno, la diferencia es brutal. Todos hemos vivido o escuchado historias de equipos que, con un cambio de entrenador o de manager, pasaron de la mediocridad a volar alto. Yo mismo he visto equipos transformarse por completo gracias a un líder con esa capacidad. Cuando aparece alguien así, todo el equipo crece con él. Pero pretender que cada manager, en cualquier nivel de la organización, sea de esa talla... es irreal.

Por eso creo que la clave no está en seguir dibujando al "líder ideal", sino en acotar su rol. En dejar de esperar que el manager haga más de lo que puede o sabe hacer, y darle un marco claro y realista para que cumpla su función.

La simplificación, más que un recorte, es un alivio: libera a los managers de una presión que nunca podrían cumplir y permite que se enfoquen en lo esencial.

El mito del líder perfecto

Si este tema me aburre es, en gran parte, por el peso del mito que lo rodea. Durante décadas hemos idealizado al líder como una figura casi sobrenatural: alguien capaz de inspirar con su carisma, tomar siempre las mejores decisiones, motivar al equipo en los momentos bajos, formar a las personas, guiarlas en su carrera y, además, entregar resultados impecables. Una mezcla de estratega, coach, mentor y visionario.

Ese mito no ha nacido por casualidad. Viene de varias raíces:

- **Del management clásico,** que durante décadas nos presentó al directivo como una figura todopoderosa, con todas las respuestas y la capacidad de tomar decisiones sin margen de error.

- **Del paternalismo empresarial,** que instaló la idea de que el jefe debía cuidar a su gente como un padre cuida de sus hijos: velar por ellos, protegerlos, guiarlos.

- **De la narrativa carismática,** que asocia liderazgo con grandes discursos y con personalidades magnéticas capaces de "arrastrar" al equipo con su sola presencia.

Si mezclamos esos tres ingredientes, lo que obtenemos es un personaje casi imposible: alguien que combina visión estratégica, empatía infinita, capacidad pedagógica, temple en la crisis y, para rematar, resultados espectaculares trimestre tras trimestre. De película.

No es extraño que esa imagen haya calado tan hondo. Es atractiva, reconforta pensar que existe alguien que puede resolverlo todo y llevarnos de la mano hacia un futuro mejor. Igual que ocurre en el deporte: un entrenador que motiva, organiza y hace brillar al equipo. De hecho, muchas metáforas sobre liderazgo vienen de ahí: de equipos deportivos que, con un nuevo entrenador, pasaron de perderlo todo a ganarlo todo.

Pero el problema llega cuando confundimos la excepción con la norma. Porque sí, existen líderes excepcionales que logran todo eso. Y cuando aparecen, su impacto es tan grande que parece que confirman la regla. El error es esperar que todos los managers puedan y deban ser así. Es como si, después de ver a Messi, concluyéramos que todos los chavales de una cantera deberían jugar al futbol como él.

En realidad, es lo mismo que ocurre hoy con las redes sociales. Hace apenas un siglo, en un pueblo, el chico joven podía ser considerado "el más guapo" simplemente porque apenas había otros de su edad alrededor. Su marco de comparación era reducido. Hoy, con la globalización, la publicidad y las redes sociales, ese mismo chico se compara con modelos de todo el mundo, con cuerpos esculpidos y fotos retocadas. Y claro, el listón se vuelve imposible de alcanzar.

Con el liderazgo pasa exactamente lo mismo. Antes, el jefe de una empresa se comparaba con otros de su entorno cercano. Hoy, en cambio, los managers se comparan con la imagen idealizada del "líder perfecto" que vemos en libros, charlas y conferencias. Un estándar tan elevado y artificial como el de las redes sociales. Y la consecuencia es la misma: frustración permanente por no estar nunca a la altura de la comparación.

Esa expectativa genera dos efectos dañinos:

1. Frustración en los equipos, que esperan de sus jefes una inspiración permanente que nunca llega.

2. Frustración en los managers, que sienten que siempre están por debajo de lo que "se supone" que deberían ser.

Lo paradójico es que ese mito, que nació con la intención de inspirar, acaba pesando como una losa sobre las organizaciones. Se traduce en cursos interminables, en programas de liderazgo que repiten mantras, en manuales que pintan un ideal inalcanzable. Y la consecuencia final es que ni los equipos creen en ellos ni los managers encuentran en esas fórmulas una guía útil para su día a día.

El mito del líder perfecto, lejos de fortalecer, desgasta. Porque mientras seguimos soñando con esa figura imposible, perdemos de vista lo más importante: lo que de verdad necesita un equipo de su manager para funcionar.

ACOTAR EL ROL: UN LIDERAZGO PRAGMÁTICO

Si aceptamos que el líder perfecto no existe, la pregunta lógica es: ¿qué hacemos entonces? ¿Renunciamos al liderazgo? ¿Nos conformamos con managers mediocres? En absoluto. Lo que necesitamos no es seguir persiguiendo el ideal imposible, sino acotar el rol del líder y hacerlo más realista.

Para mí, esta es la clave: dejar de esperar que el manager sea un superhéroe que lo hace todo y centrar su función en aquello que realmente es necesario y que sí está a su alcance. Es un cambio de enfoque sencillo y, sobre todo, liberador. Porque no se trata de pedir menos, sino de pedir lo justo.

Aquí es donde los marcos de agilidad nos ofrecen una pista muy valiosa. En los entornos ágiles, el rol del manager no se plantea como una lista interminable de responsabilidades emocionales, formativas y estratégicas. Al contrario: se acota a funciones claras y concretas que permiten que el equipo avance. El foco deja de estar en el "líder total" y se coloca en el "líder práctico".

¿Por qué es tan importante este cambio? Primero, porque los tiempos han cambiado. Durante años, el liderazgo paternalista podía tener sentido: el jefe que enseñaba, guiaba y controlaba a su equipo como si fueran sus hijos. Pero hoy, con la tecnología que tenemos, ya no necesitamos controlar al trabajador, sino al trabajo. Y eso cambia las reglas del juego.

Segundo, porque acotar el rol permite que más managers puedan cumplir con él de manera efectiva. Cuando pedimos a alguien que inspire, forme, motive, desarrolle y resuelva todo a la vez, lo condenamos al fracaso. Pero cuando simplificamos sus responsabilidades a un puñado de tareas claras y medibles, no solo es posible cumplirlas, sino que además los resultados se multiplican.

Un liderazgo pragmático no es un liderazgo menor. Es un liderazgo realista. No busca la épica de los grandes discursos, sino la eficacia de los pequeños actos que hacen avanzar al equipo. Y ahí está su fuerza: en ser alcanzable, sostenible y replicable en toda la organización.

TRES FUNCIONES CLAVE DEL MANAGER EN AGILIDAD

Si simplificamos el rol del líder a lo esencial, ¿qué queda? En nuestra experiencia, lo que de verdad necesita un equipo de su manager puede resumirse en tres funciones muy concretas: planificar, gestionar imprevistos y desbloquear. Nada más, y nada menos.

1. Planificar con el equipo

La primera función del manager es asegurar que el equipo sabe qué tiene que hacer. Parece obvio, pero no siempre ocurre.

En los marcos ágiles, este trabajo se articula en torno al sprint: un periodo corto, por ejemplo una semana, en el que se planifica lo que se va a realizar. La clave no es que el jefe "reparta" tareas, sino que el equipo las ponga sobre la mesa y se comprometa con ellas. El manager valida dos cosas:

 Que esas tareas son las que la empresa necesita.

 Que las horas estimadas corresponden al tiempo disponible.

El objetivo no es controlar personas, sino dar claridad al trabajo. Dejar claro cuál es el objetivo de la semana y que todo el mundo lo entienda. Es mucho más potente de lo que parece: la mayoría de las frustraciones de los equipos nacen de la falta de foco o de prioridades mal definidas.

2. Gestionar imprevistos

La segunda función del manager es gestionar lo inevitable: los imprevistos.

En cualquier organización surgen fuegos, cambios de prioridades, problemas inesperados. Pretender que el plan inicial se cumpla al 100% es ingenuo. Por eso, los marcos ágiles incluyen las "dailies"; reuniones breves diarias en las que el equipo comparte qué está haciendo y qué problemas han surgido.

El rol del manager aquí no es resolverlo todo, sino ayudar al equipo a recolocar prioridades: si entra una nueva urgencia, ¿qué tarea sale? ¿Cómo se redistribuye el esfuerzo? En lugar de que cada persona intente apagar fuegos por su cuenta, el equipo los afronta de forma conjunta y ordenada.

3. Desbloquear

La tercera función es quizás la más infravalorada: desbloquear.

Muchas veces, los equipos se quedan atascados no porque no sepan hacer su trabajo, sino porque carecen del poder formal o de la información necesaria para seguir avanzando. Ahí es donde el manager marca la diferencia: abrir una puerta, conseguir un recurso, hablar con otro departamento, pedir una decisión. Lo que sea necesario para que el equipo no pierda el ritmo.

Un manager que desbloquea es como un buen árbitro: pasa desapercibido, pero su papel es esencial para que el juego fluya. Cuando un equipo sabe que su manager va a quitar de en medio los obstáculos, trabaja con más confianza y más foco.

Estas tres funciones —planificar, gestionar imprevistos y desbloquear— parecen simples, y lo son. Pero precisamente en esa simplicidad está su poder. Porque al acotar el rol, dejamos de pedirle al manager que sea un gurú, un coach y un superhéroe al mismo tiempo. Le pedimos lo que de verdad importa: que el equipo tenga claridad, que los imprevistos se gestionen con orden y que nada se quede bloqueado.

Y si esto ya es importante en entornos presenciales, el teletrabajo lo ha puesto aún más en evidencia. Ahí no funciona el manager que controla personas, solo el que sabe controlar el trabajo y los resultados. El mundo ha cambiado, y el liderazgo tiene que cambiar con él.

Alguien podría decir que hablo mucho de los marcos de agilidad. Y es cierto: no estoy inventando nada. Pero tampoco quiero caer en lo que hacen algunos autores, que se anotan puntos de cosas que ya existen y las presentan como si fueran propias. Yo soy de Valencia, nuestro plato más famoso es la paella. Y cuando alguien mezcla arroz con cualquier cosa y lo llama paella, le decimos que eso no es paella, es "arroz con cosas". Pues con esto pasa lo igual: no pretendo apropiarme de ninguna paella que ya exista. Lo que comparto aquí simplemente es mi arroz con cosas.

QUÉ NO ES LIDERAZGO: EL PELIGRO DEL PATERNALISMO

Si hemos dicho que el rol del manager debe acotarse a lo esencial, también conviene dejar claro lo que no es. Y aquí aparece un modelo que todavía pesa en muchas organizaciones: el liderazgo paternalista.

Durante décadas se ha instalado la idea de que un buen jefe debía comportarse como un padre con sus empleados: protegerlos, cuidarlos, guiarlos, darles todo lo que necesitaban. Incluso darles una "paga" en verano y en Navidad, ese gesto paternalista que venía a decir: *aquí tienes, para que lo disfrutes con tu familia y no lo malgastes antes de tiempo*.

Y a primera vista suena bien. ¿A quién no le gustaría tener un jefe comprensivo, atento y dispuesto a acompañarte en cada paso?

El problema es que, en la práctica, ese modelo genera más desigualdad que justicia. Porque en el fondo no trata a las personas como adultos responsables, sino como hijos dependientes. Y cuando una organización se organiza como una familia, lo que suele haber no es amor, sino jerarquía.

Y aquí quiero recordar una frase que lo resume perfectamente: **no hay nada más desigual que tratar por igual a los desiguales**. Porque en cualquier equipo hay personas que aportan más y otras que aportan menos. Hay quienes se esfuerzan de manera extraordinaria y quienes se limitan a cumplir lo mínimo. Si tratamos a todos por igual, sin distinguir ese esfuerzo ni esa aportación, en realidad estamos siendo injustos.

Pongamos un ejemplo sencillo: imagina que, en un equipo, dos personas cobran lo mismo y reciben el mismo reconocimiento. Una de ellas cumple con lo básico.

La otra se desvive, aporta ideas, se adelanta a los problemas y tira del grupo. A corto plazo, parece que no pasa nada. Pero a medio plazo, la que más da empieza a preguntarse: "¿para qué esforzarme tanto, si el resultado es el mismo?".

Poco a poco baja los brazos. No de golpe, sino a través de un ajuste gradual. Aparece una sensación de injusticia, de que da igual cuánto aporte. Con el tiempo reduce su implicación y ajusta su esfuerzo a lo esperado. Y cuando quien marcaba el estándar deja de hacerlo, el nivel del equipo baja. No porque la gente quiera hacerlo peor, sino porque el sistema deja de premiar hacerlo mejor. En lugar de elevar el nivel colectivo, el diseño acaba empujando la cultura hacia abajo. Hemos perdido a una persona valiosa y, al mismo tiempo, hemos rebajado el nivel del conjunto del equipo.

Y esto no es teoría. Lo hemos visto de primera mano en demasiadas ocasiones. Recuerdo el caso de una empresa en la que una parte del equipo se esforzaba sin descanso para sostener la carga de trabajo, mientras otros apenas cumplían con lo justo. El problema no era solo la diferencia de rendimiento, sino que la organización trataba a ambos grupos exactamente igual. El mensaje que se enviaba —aunque fuera de forma inconsciente— era claro: dar más no tenía consecuencias, ni positivas ni negativas.

El resultado fue el previsible. Las personas más comprometidas fueron perdiendo poco a poco implicación. No porque dejaran de ser capaces, sino porque el sistema había eliminado cualquier incentivo para seguir empujando. La caída en resultados llegó después, no por falta de talento, sino porque se había generado una cultura en la que esforzarse más no compensaba.

El liderazgo paternalista termina penalizando precisamente a quienes más aportan. Y esa es una de las formas más rápidas de erosionar la motivación y matar la meritocracia dentro de un equipo. De acabar con los buenos.

A esto se suma otro elemento clave: la esencia del equipo en sí. Durante una época de mi vida tuve la oportunidad —al principio no deseada— de tener a mi cargo la dirección de seguridad de una gran empresa, donde coincidí con un sargento primero del ejército que, con el tiempo, se ha convertido en uno de mis mejores amigos. Él me explicó algo que se me ha quedado grabado.

En sus misiones de inteligencia, cuando estaban infiltrados en territorio enemigo, la vida de cada uno dependía directamente de la de los demás. No había margen para miembros débiles ni desconectados: si uno fallaba, el equipo entero se ponía en riesgo. Era una cuestión de supervivencia.

Cuando tu vida depende del desempeño de otra persona, el nivel de exigencia es el mismo para todos. No hay paternalismo que valga, porque no hay concesiones posibles. Si trasladáramos esa lógica —salvando las distancias— a los equipos de nuestras organizaciones, la pregunta sería incómoda pero reveladora: ¿en cuántas personas de tu equipo confiarías de verdad? ¿En todas? ¿En algunas? ¿En ninguna?

La conclusión es clara: el equipo está por encima del individuo. Y los paternalismos, que protegen al individuo incluso cuando eso daña al conjunto, terminan debilitando al equipo entero. No solo generan desigualdad, sino que diluyen la responsabilidad compartida que da fuerza y cohesión a cualquier grupo de trabajo.

UN LIDERAZGO REALISTA PARA UNA SOCIEDAD MADURA

Si dejamos atrás el mito del líder perfecto y descartamos el paternalismo, ¿qué nos queda? La respuesta, en realidad, es sencilla: un liderazgo realista, adaptado a la sociedad en la que vivimos hoy.

La mayoría de las personas ya no buscan un jefe que les trate como un padre, ni un líder épico que les inspire con discursos heroicos. Lo que esperan es algo mucho más concreto:

- Tener claro qué trabajo deben realizar.

- Contar con un manager que les ayude a gestionar los imprevistos.

- Saber que, si algo se bloquea, alguien estará ahí para abrir camino.

Eso es todo. Ni más ni menos.

Este enfoque no es una rebaja, es una evolución. Porque en una sociedad madura, las personas también son adultas en su relación con el trabajo. No necesitan que nadie las proteja o las guíe constantemente: necesitan herramientas, claridad y condiciones para hacer bien su trabajo. Y cuando esto se da, el compromiso florece de manera natural.

Lo que sí necesita la organización es habilitar ecosistemas que potencien la motivación intrínseca de las personas. Bajo mi experiencia, hay tres factores que marcan la diferencia: autonomía, reto y aprendizaje.

- Autonomía: si damos a la gente la capacidad de planificar su trabajo y entregarlo en el tiempo acordado, les damos libertad para organizarse y decidir en el día a día.

- Reto: trabajar con objetivos claros, sabiendo que cuentan con el apoyo del equipo y del manager para superar los obstáculos, convierte el trabajo en algo estimulante.

- Aprendizaje: participar en proyectos transversales, moverse entre áreas y colaborar en iniciativas nuevas genera riqueza, desarrollo y motivación.

El papel de la organización no es exigir a cada manager que asuma todos estos roles, sino crear sistemas y entornos donde eso ocurra de forma natural. Es mucho más eficaz diseñar estructuras que habiliten autonomía, reto y aprendizaje que pretender que cada jefe sea a la vez formador, coach y guía de carrera.

Un liderazgo realista, en definitiva, reconoce algo básico:
no necesitamos jefes todopoderosos,
sino equipos responsables.
No necesitamos paternalismo, sino confianza.
Y no necesitamos héroes, sino managers pragmáticos
capaces de sostener al equipo en lo importante.

LA PRUEBA DEL MODELO EN LA PRÁCTICA

Todo lo que hemos descrito hasta aquí no es teoría, ni un ejercicio intelectual. Es algo que hemos aplicado en organizaciones reales y cuyos resultados hemos podido comprobar en primera persona.

Cuando acotamos el rol del manager a esas tres funciones esenciales —planificar, gestionar imprevistos y desbloquear— ocurre algo sorprendente: los managers mejoran de forma inmediata.

- Los buenos managers se convierten en excelentes, porque encuentran un marco claro para desplegar sus capacidades.

- Los managers correctos se vuelven buenos, porque aligeramos la carga de expectativas imposibles y les damos herramientas simples y efectivas.

Y los managers que realmente no sirven para liderar… simplemente no funcionan. Y está bien que así sea, y que nos demos cuenta. Porque el modelo, al poner luz sobre lo que de verdad importa, también nos permite ver con claridad quién vale y quién no. Y en liderazgo, como en tantas otras cosas, quien no vale, no vale.

La simplificación del rol no es un recorte, es un catalizador. Y lo hemos visto repetidamente: equipos que estaban atrapados en la confusión, la desmotivación o la parálisis recuperan el foco y la energía cuando su manager se centra en estas tres cosas.

Recuerdo un caso, implantando metodología ágil en un departamento, en el que en la primera planificación semanal aparecieron dos personas del equipo con una carga cercana a las 50 horas de trabajo efectivo, sobre una jornada estándar de 38 horas semanales. En contraste, otra persona aparecía con poco más de 20 horas estimadas.

Lo interesante es que la planificación no solo permitió redistribuir la carga de trabajo de forma más justa a partir de ese momento, sino que también sacó a la luz algo fundamental: las diferencias reales de aportación dentro del equipo. Porque, seamos claros, si dos personas cobran lo mismo pero una de ellas está soportando de forma sistemática mucho más trabajo, el sistema tiene que reconocerlo. O bien le paga más, o bien le permite terminar antes su jornada.

Lo que no tiene sentido es seguir tratándolas igual ignorando el dato objetivo de lo que están entregando. Salvo que lo que quieras sea que quien más aporta acabe bajando los brazos… o marchándose.

Esta transparencia permite a los managers ser más justos. Ayuda a valorar a quienes de verdad están sosteniendo al equipo, y también a equilibrar la carga para que nadie se queme. El efecto en la dinámica del grupo es inmediato: aumenta la confianza, crece el compromiso y se refuerza la sensación de equidad. Porque lo que se mide no es la "percepción" del esfuerzo, sino el trabajo real convertido en dato.

MI REFLEXIÓN

Quiero terminar este capítulo con algo personal. A lo largo de mi carrera he trabajado con muchas personas en posiciones de responsabilidad y he visto de todo: desde auténticos líderes que hacían volar a sus equipos hasta personas completamente perdidas que tenían amargados a los suyos. Y si algo he aprendido es que no podemos seguir construyendo las organizaciones sobre la utopía del líder perfecto, esa figura idealizada que tanto hemos cuestionado en este capítulo.

Jack Welch, quien fue durante dos décadas el legendario CEO de General Electric y uno de los ejecutivos más influyentes del siglo XX, hablaba del liderazgo con mucha más autoridad de la que yo pueda tener. En una de sus charlas más conocidas —"¿Cuál es el rol del líder?"— explicaba que el papel de quien lidera es dar propósito y dirección clara, eliminar obstáculos y burocracia innecesaria. Usaba la metáfora del curling: el líder es quien va barriendo el hielo para que el equipo pueda avanzar y alcanzar la meta.

Me llama la atención lo cerca que está esta visión de los principios de la agilidad que hemos tratado en este capítulo. No sé si por influencia directa o por caminos distintos que llevan al mismo lugar, pero esa lógica —dar propósito, eliminar obstáculos y reconocer los logros— es, en esencia, la base sobre la que se construyen las organizaciones ágiles.

Pero hay algo que me parece aún más profundo: el impacto real que quien dirige personas tiene sobre la vida de los demás. No hablamos solo de productividad o de objetivos cumplidos. En la práctica, quien tiene personas a su cargo condiciona la calidad de vida de quienes dependen de él. Un mal jefe no solo amarga las horas del trabajo: también se cuela en casa, mina la autoestima, desgasta la salud emocional y, a la postre, la física, llegando a afectar a la familia. Del mismo modo, alguien que dirige bien tiene la capacidad de multiplicar la energía positiva, de hacer que la gente llegue a casa con orgullo, con satisfacción y con ganas de más.

> Dirigir personas es una responsabilidad
> humana enorme. Tiene la capacidad de influir
> directamente en la vida de muchas personas.
> Por eso, no se puede ser un gilipollas.

Capítulo 6
EL TALENTO

Cuando despiertas a tu talento,
hay vidas que ya no puedes seguir viviendo.

Canción:
***The call* de Green Nomad**

**"I dont want to close my eyes...
Anymore"**

LA ILUSIÓN DE ESCRIBIR SOBRE TALENTO

Éste es el capítulo que más ganas tenía de escribir dentro de este libro. Y aunque las conclusiones puedan parecer obvias, durante décadas nos hemos empeñado en complicar lo sencillo.

Voy a empezar desde lo personal, porque mi relación con este tema viene de muy lejos.

De niño fui un pésimo estudiante. No porque me metiera en líos, sino porque no encajaba en el molde. Mis padres eran muy modernos para su época: mi padre, ingeniero en una multinacional; mi madre, una de las primeras mujeres informáticas en Valencia, que empezó trabajando con ordenadores del tamaño de una habitación y se prejubiló cuando se empezaba a programar en redes. Crecí en un entorno abierto, curioso, culturalmente inquieto. Pero mi escuela era otra cosa: un colegio católico de monjas, con un modelo educativo rígido, prusiano, diseñado para formar niños obedientes.

Ese choque me acompañó durante toda la infancia y la adolescencia. En casa se respiraba modernidad; en clase, disciplina ciega. Nunca llevé bien el "calla porque lo digo yo". Era un niño inquieto. Probablemente hoy me habrían pasado pruebas para diagnosticar un TDAH, igual que me hicieron test de inteligencia para comprobar si «era tonto». Pero como aquellos test primitivos no dieron nada raro, la conclusión fue simple: era un niño vago y problemático. Las profesoras no sabían qué hacer conmigo, y los conflictos eran constantes. Con siete años ya me habían pegado dos veces delante de toda la clase —una monja y una profesora—. Suspendía en bloque: cinco, siete, incluso nueve asignaturas de golpe. Y con diez años me expulsaron por primera vez después de rebelarme contra una profesora. Luego vendrían muchas más.

EL GATO DEL SOMBRERO

Papa, se había comprado un sombrero nuevo y Chinda (el gato) le gustaba enredar con el. Pero el pobre gatito se llevaba muchas riñas por esta causa.

Un día, Juan y Ana estaban jugando al parchís en la mesa del comedor cuando de repente. ven pasar a un sombrero (el de su padre) andando por la habitación.

La puerta al estar abierta el gato sale a la calle y empieza a bajar las escaleras, y los niños, lo siguen. Al bajar a la calle empieza a saltar los coches y a ponerse encima de las personas. Una pareja al ver esto se queda asombrada.

Toda la calle estaba alarmada, cuando de repente una ragaga de viento se lleva el sombrero volando y el gato queda al descubierto. Los dos hermanitos lo cogen y se lo llevan a casa.

Cuaderno del colegio de Sergio. 11 años

En aquel modelo, yo era un "fracasado". Incluso llegaron a recomendar a mis padres que me orientaran hacia trabajos manuales al aire libre, "más adecuados" para alguien como yo.

Menos mal que ellos no se dejaron impresionar. Siempre fueron —y siguen siendo— mucho más inteligentes y sensatos que quienes se atrevieron a juzgar sin entender. A veces imagino que habría sido de mi vida si les hubieran hecho caso.

¿Cuántas vidas se habrán torcido por culpa de quienes, desde un despacho escolar, deciden quién vale y quién no? Mientras tanto, lo que de verdad me apasionaba —la música y el deporte— se consideraba poco serio, algo que "no servía para ganarse la vida".

Un día, cuando preguntaron qué queríamos ser de mayores, respondí sin dudar: *estrella del rock*. Toda la clase rio. Y quizá fue entonces cuando entendí que el problema no era lo que yo soñaba, sino lo limitado que era el marco desde el que se nos enseñaba a soñar.

Aquella experiencia me marcó, pero también me enseñó algo esencial: que nadie puede decidir por ti qué vales o qué puedes llegar a ser.

Encontré mi camino profesional tarde, a los veinticinco años. Desde entonces, no he dejado de formarme. Invierto tiempo y energía en aprender, porque mi curiosidad no se apaga y mis ganas de seguir creciendo son permanentes. El esfuerzo y la constancia se convirtieron en mis verdaderas guías.

La ironía es clara: el mismo sistema que me expulsó es el que, sin quererlo, me enseñó a cuestionar el concepto de talento. El mismo sistema que intentó hundirme es el que, en realidad, me enseñó a rebelarme y a encontrar fuerzas.

No voy a negar que todavía siento una profunda ira hacia muchas de aquellas monjas y profesoras, incluso cuarenta años después. Eran inconscientes del impacto que dejaban en los niños marcando huellas difíciles de borrar. Pero, al mismo tiempo, si no hubiera vivido aquello, hoy no estaría aquí escribiendo esto. Esa herida se convirtió también en motor.

2. EL MODELO PRUSIANO: FÁBRICA DE OBEDIENCIA

Conviene detenernos un momento en lo que significaba aquel sistema educativo en el que crecí, porque no era un capricho aislado: respondía a una lógica histórica muy concreta.

La metodología prusiana nació en el siglo XIX, en el Reino de Prusia, y tenía un objetivo muy claro: formar soldados para el ejército y obreros para las fábricas. El mundo estaba en plena industrialización y lo que se necesitaba no eran personas creativas ni críticas, sino obedientes.

El esquema era sencillo:

- Autoridad incuestionable: el profesor representaba la figura del mando militar. Su palabra no se discutía, se obedecía.

- Homogeneidad: todos los alumnos debían avanzar al mismo ritmo, sin importar las diferencias individuales. El que se salía de la fila era castigado.

- Disciplina y repetición: lo importante no era entender, sino memorizar y repetir.

- Preparación para el engranaje: la escuela funcionaba como antesala del cuartel o de la fábrica. El mensaje era claro: "Tu papel no es pensar, tu papel es obedecer".

OFICINA DE EMPLEO

✱ En la avenida del carcayo, puerta 84 se encuentra una oficina de empleo. La cola sale del edificio. En esta oficina hay 2 empleados que trabajan sin tener un respiro. Pepe trabaja en la esquina de la habitación o hol escribiendo todos los informes que Juán le dá. En cambio Juan atiende a toda la gente

—¡Juán otro mas!

—Damelo y... a ver si paran que no puedo tomar un respiro

—¿Crees que yo sí?

—Pues sí sigue así voy a dimitir

—Yo no pero quien me diga que mi trabajo es tranquilo...

Cuaderno de trabajo de Sergio a los 11 años

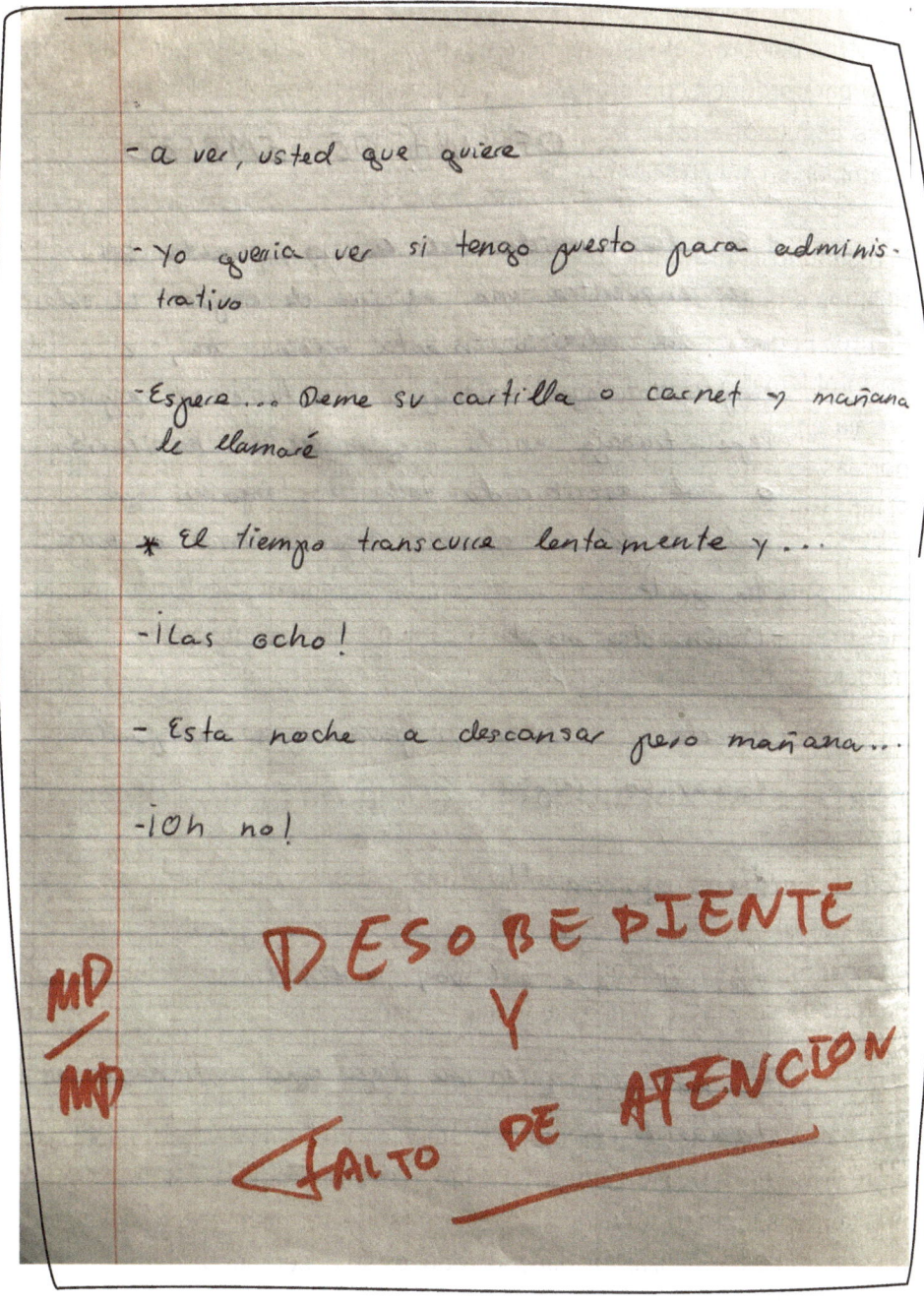

En otras palabras: el sistema no estaba diseñado para descubrir talentos, sino para producir conformidad. Y lo sorprendente es que, dos siglos después, seguimos arrastrando buena parte de esa lógica en nuestras escuelas y también en nuestras empresas.

El resultado es previsible: premiamos a quien se adapta bien al molde y castigamos a quien se sale de él. El que memoriza y obedece es "buen estudiante". El que cuestiona o necesita aprender de otra manera se convierte en "problema". Y lo mismo ocurre en las organizaciones: el empleado que encaja en el proceso rígido es "ejemplar", mientras que el que desafía las normas es visto como "incómodo", aunque muchas veces sea precisamente el más valioso.

Cuando hoy hablamos de pensamiento crítico como una de las competencias más necesarias para el futuro, la paradoja es evidente: venimos de un modelo educativo que castigaba exactamente eso.

FORTALEZAS Y DEBILIDADES: EL ERROR DE UNIFORMIZAR

Con el tiempo entendí algo que me ayudó a ordenar todas estas experiencias. Fue en una formación dentro de un plan de carrera ejecutivo en Berner, una multinacional en la que trabajé muchos años. Un profesor nos explicó de manera sencilla, con una campana de Gauss, la relación entre fortalezas y debilidades.

La idea era la siguiente: cuando trabajamos en nuestras debilidades, lo que en realidad hacemos es reducir también nuestras fortalezas. Si presionas a una persona justo en lo que más difícil le resulta, terminas afectando su autoestima y su confianza. Y al hacerlo, reduces su desempeño.

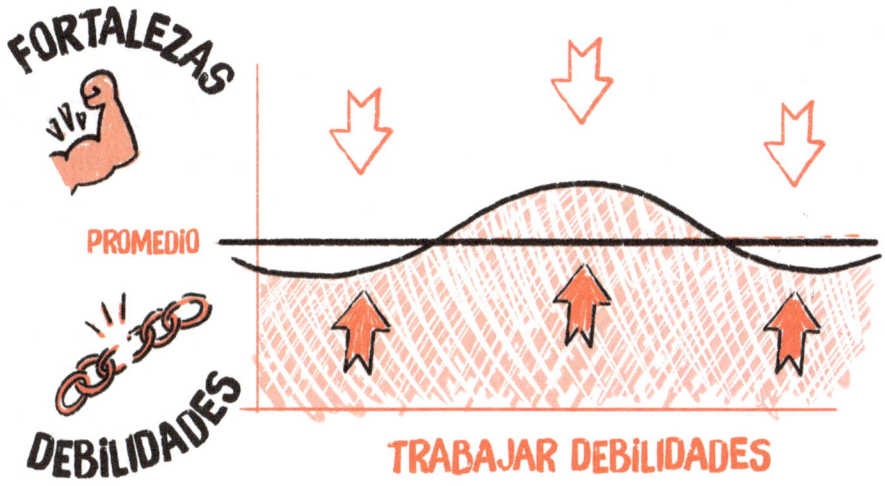

Campana de Gauss. Trabajar en debilidades

Entramos entonces en un terreno de mediocridad compartida. Yo lo llamo el efecto del "*sándwich mixto*". Un sándwich de jamón y queso está muy bien a las cuatro de la mañana cuando vuelves de fiesta. Pero nadie lo elegiría como plato principal en su boda. Con las personas ocurre lo mismo: si nos empeñamos en corregir lo que se nos da mal, acabamos llevando a todos al mismo punto mediocre. Nadie brilla, nadie destaca.

El deporte entiende esto mucho mejor que la educación tradicional. Pensemos en Simone Biles: 1,42 de estatura, poco más de 45 kilos de peso, pero una agilidad y una potencia que la han convertido en la mejor gimnasta de todos los tiempos, con más de 30 medallas olímpicas y mundiales. Su fortaleza es la flexibilidad y la explosividad.

Ahora comparemos con Lasha Talakhadze. Mide 1,97, pesa 183 kilos y está considerado el mejor halterófilo de la historia. Campeón olímpico en Río 2016 y Tokio 2020, seis veces campeón del mundo y siete veces campeón de Europa.

Sus cuerpos, capacidades y límites son radicalmente distintos. Lo que para uno sería una desventaja insalvable es, para el otro, la base de su excelencia. Son perfiles opuestos. Nadie en su sano juicio le pediría a Lasha Talakhadze que hiciera piruetas sobre una barra, ni a Simone Biles que levantara 200 kilos. Y precisamente por eso, en el deporte nadie se plantea "corregir" esas diferencias. A cada uno se le entrena en lo que mejor sabe hacer, y es precisamente eso lo que los convierte en atletas extraordinarios.

Y fue entonces cuando entendí el patrón. **El verdadero cambio ocurre cuando dejamos de obsesionarnos con las debilidades y empezamos a trabajar desde las fortalezas. Es ahí donde aparece el salto de calidad. Las debilidades pasan a un segundo plano y dejan de marcar el límite. El desempeño mejora porque suben la autoestima, la seguridad y la confianza en uno mismo.**

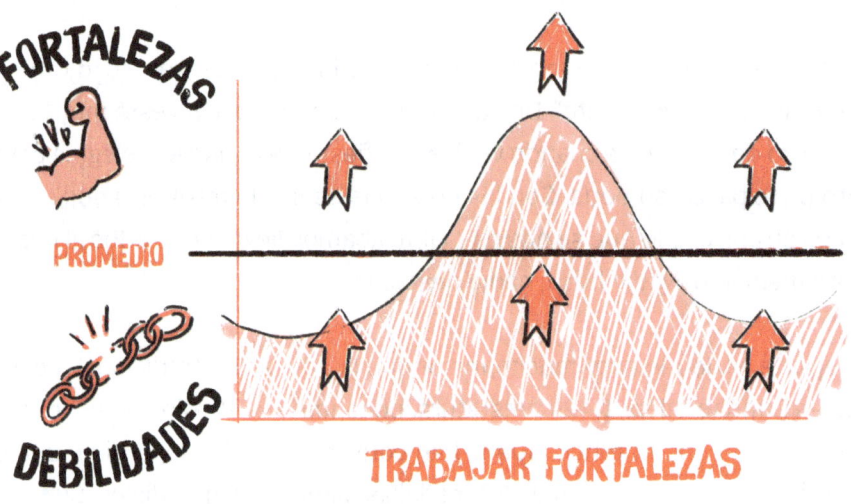

Campana de Gauss. Trabajar en fortalezas

Sin embargo, en la educación tradicional ocurre justo lo contrario. Se penaliza aquello en lo que destacas para obligarte a pasar por el aro común. Si se te dan bien las matemáticas, "ya te apañas". Y si se te da mal el inglés, te cargan todavía más porque "es lo que tienes que mejorar". El resultado es que la mayoría de niños y niñas aprenden pronto que no se trata de brillar, sino de cumplir. Que lo importante no es desplegar tus fortalezas, sino disimular como puedas tus debilidades.

Lo curioso es que esta idea también conecta con la psicología. Carl Jung ya señalaba que toda fortaleza lleva implícita una debilidad. Son inseparables, como las dos caras de una moneda. Ser muy analítico puede implicar lentitud para decidir. Ser muy creativo puede implicar desorden. Ser muy empático puede implicar dificultad para poner límites. Y está bien que así sea.

El problema surge cuando intentamos borrar esas debilidades a la fuerza. Porque al hacerlo, apagamos también la fortaleza que llevan asociada. Y lo que obtenemos no son personas mejores, sino personas más planas.

Yo, por ejemplo, en el deporte no soy ni fuerte ni flexible. Por eso no puedo vivir de él: el deporte de élite está reservado a unos pocos con condiciones muy concretas. Pero en el terreno profesional, donde sí he encontrado mis fortalezas, descubrí que esa diferencia lo es todo.

Talentos descartados, talentos recuperados

El discurso actual está lleno de referencias a lo que necesitamos en el futuro: creatividad, innovación, pensamiento crítico, capacidad de adaptación. Sin embargo, si miramos cómo funciona nuestro modelo educativo, descubrimos la contradicción: seguimos educando con un sistema que castiga exactamente esas cualidades.

El modelo prusiano estaba diseñado
para fabricar obediencia, no talento.
Y todavía hoy muchas escuelas siguen operando
bajo esa lógica: se penaliza lo que no encaja,
se refuerzan las debilidades y se olvida aquello
en lo que una niña o un niño puede brillar.

En Europa, la tasa de abandono escolar temprano es hoy en torno al 10%. Es decir, uno de cada diez jóvenes sigue quedándose fuera del sistema educativo antes de completar la secundaria.

La pregunta es inevitable: ¿de verdad hablamos de fracaso escolar de los alumnos? ¿O estamos ante el fracaso del propio sistema educativo, que sigue funcionando con un modelo diseñado para otro siglo, incapaz de reconocer y potenciar el talento real de cada persona, y que hunde a uno de cada diez?

Seguro que todos conocéis algún caso cercano. Ese niño que no sacaba buenas notas en nada, al que los profesores etiquetaban como fracasado, pero que tenía un don especial para algo. Yo conozco uno de esos casos: un chico al que la escuela prácticamente expulsó porque "no servía para estudiar". Lo que sí sabía hacer —y muy bien— era dibujar. Ese talento, que para el sistema no tenía valor, fue lo que lo llevó años después a convertirse en uno de los tatuadores más reconocidos del mundo. Ha tatuado a futbolistas como Messi y Neymar, ha ganado concursos internacionales de realismo y hoy es un referente en su sector.

La escuela lo desechó como si fuera material defectuoso. El talento lo rescató y lo llevó a la cima.

¿No tendría mucho más sentido que el sistema educativo hiciera justo lo contrario? Que premiara aquello en lo que cada persona es fuerte, y que al mismo tiempo ayudara a superar —sin machacar— aquello en lo que tiene más dificultades. Nadie está diciendo que no sea necesario aprender matemáticas o inglés: claro que lo es. Pero una cosa es adquirir un nivel básico y otra muy distinta es convertir esas materias en una condena que anula la confianza de un niño para siempre.

Es una contradicción evidente:
pedimos pensamiento crítico, pero educamos para la obediencia.
Hablamos de talento, pero gestionamos uniformidad.

DEL AULA A LA EMPRESA: EL MISMO ERROR

Todo lo que hemos visto hasta aquí no debería sorprendernos. El sistema educativo arrastra una lógica equivocada: centrarse en las debilidades, penalizar la diferencia y premiar la obediencia. Lo extraño es que ese mismo error lo hemos trasladado a las empresas.

Decimos que queremos que las personas den lo mejor de sí. Pero en la práctica repetimos el mismo patrón: seguimos empeñados en encajar a todos dentro de un molde.

El ejemplo más claro está en la descripción de puesto de trabajo o *job description*. Para quien no esté familiarizado: es un documento que define las principales funciones y responsabilidades de un cargo. Es decir, una lista de lo que se espera que haga la persona que ocupa ese puesto: tareas, objetivos, requisitos de formación, experiencia mínima y competencias necesarias.

Hasta ahí, nada malo. El problema viene después: buscamos personas que encajen en esa descripción como si fueran piezas de un puzle prefabricado. Y la realidad, claro, nunca es tan limpia. En las innumerables conversaciones que he tenido con managers a lo largo de mi carrera sobre el desempeño de alguien que "no funciona como debería", siempre aparece la misma queja: "No se adapta al perfil del puesto".

Pero la pregunta es: ¿realmente no se adapta? ¿O simplemente no cumple con parte de las funciones que alguien decidió poner en ese papel? Y si es así, ¿por qué lo tratamos como si fuera incuestionable?

Lo que ocurre es que seguimos penalizando singularidades y forzando a las personas a encajar en moldes rígidos, en lugar de aprovechar lo que cada una tiene de único. La paradoja es evidente: decimos que buscamos talento, pero luego lo comprimimos en descripciones que encorsetan y reducen. Y cuando alguien no encaja del todo, en lugar de replantearnos el puesto, recurrimos a la receta clásica: el plan de mejora.

¿En qué consiste ese plan de mejora? En centrarse justo en lo que la persona hace mal. Se le asignan formaciones, tutorizaciones, objetivos extra… todo enfocado en corregir lo que se le da peor. Exactamente lo mismo que hacían la escuela: machacar la debilidad en lugar de potenciar la fortaleza. Pasar por el aro, el mismo aro que ya nos hicieron pasar de niños.

El resultado es previsible: la autoestima se erosiona, la motivación se reduce y, con ello, también el desempeño. El talento real se apaga porque nunca se le permitió brillar en lo que era bueno.

No es casualidad que los estudios de Gallup muestren que solo entre un 15% y un 20% de los empleados en el mundo está verdaderamente comprometido con su trabajo. El resto cumple, se adapta al molde, pero sin energía ni ilusión. La conexión es evidente: cuando impones rigidez y uniformidad, el resultado no es talento desplegado, sino apatía y bajo desempeño.

> ¿Y si lo hiciéramos al revés? ¿Y si en lugar de empeñarnos en que la persona se adapte al puesto, adaptáramos el puesto a la persona? ¿Qué pasaría si construyéramos roles alrededor de fortalezas en lugar de alrededor de descripciones estándar?

ENCAJAR PERSONAS Y PUESTOS: CUANDO APARECE LA MAGIA

Como os he contado, siempre he invertido mucho tiempo en formarme. En una de esas formaciones me encontré con una metodología inspirada en Jung, muy popular, que trabaja con perfiles de personalidad agrupados por colores. Hay muchas versiones y todas pueden ser útiles.

Bajo esta metodología, cada persona tiene unas energías dominantes que la hacen única. Y cada puesto de trabajo, cada departamento, también pide unas energías determinadas.

Mi planteamiento fue sencillo: ¿y si en lugar de forzar a las personas a encajar en una descripción rígida de puesto, diseñáramos el trabajo alrededor de sus fortalezas? ¿Y si aceptáramos que cada perfil trae consigo una forma de aportar valor, y que nuestra tarea no es corregirlo, sino alinearlo? ¿En clave de esos colores?

Empecé a experimentar con esto dentro de los equipos. La primera prueba fue casi de sentido común: poner a cada uno a hacer lo que mejor sabía hacer. El que disfrutaba con el detalle y los números —muy azul— se encargó de informes y control. El que tenía energía para tomar decisiones rápidas y desbloquear problemas —claramente rojo— asumió la operativa. El que brillaba en lo relacional —el más amarillo— se fue a la interlocución con clientes. Y los más verdes, que aportaban calma, escucha y constancia, se ocuparon de procesos y seguimiento. Cada cual en su color, cada cual en su elemento.

El cambio fue inmediato. El ambiente mejoró. El equipo más contento, más seguro, más cómodo. Nadie sentía que lo medían solo por lo que hacía mal, sino que se reconocía lo que aportaba. Y, como consecuencia, el desempeño se disparó: más productividad, menos errores, más ganas.

Era como poner al perro a cuidar de las ovejas y al mono a trepar al árbol. Cada cual en su hábitat natural. Y cuando eso ocurre, aparece la magia: los equipos incrementan su desempeño. Entregan más y mejor.

La clave no está en eliminar las debilidades, sino en darles el peso justo. Todos tenemos que cumplir con un mínimo común —sí, hay que manejar Excel, sí, hay que escribir informes—, pero el corazón del trabajo debe estar donde cada persona es más fuerte. Y cuando alguien pasa la mayor parte de su tiempo trabajando desde sus fortalezas, sus debilidades pesan menos, duelen menos y hasta mejoran.

Lo que empezó como un experimento casi intuitivo terminó convirtiéndose en una práctica que repetí una y otra vez. Lo probé en departamentos distintos, en empresas de tamaños diferentes, y siempre ocurría lo mismo: la gente rendía más y estaba más satisfecha cuando trabajaba desde sus fortalezas.

Recuerdo un caso muy ilustrativo. Habían incorporado a una persona en un departamento de atención al cliente. Venía de una gran empresa y con un buen desempeño previo. Estaba trabajando en *outbound*: llamadas constantes a clientes, contacto proactivo, mucha interacción diaria. A las pocas semanas me dijeron: "no se adapta, no funciona".

Bastaron dos preguntas sencillas:

- ¿Extrovertida o introvertida? ⟶ Introvertida.

- ¿Muy metódica o poco metódica? ⟶ Muy metódica.

Estaba claro: la habíamos puesto en un rol amarillo (energía relacional, hablar y hablar) cuando en realidad era azul (detalle, rigor, cumplimiento de protocolos). Su opuesto.

Aprovechamos un movimiento interno y le cambiamos su puesto. Pasó de estar todo el día al teléfono a encargarse de gestión de quejas y reclamaciones: un trabajo de fondo, técnico, que requería organización y precisión. El resultado fue inmediato. En ese rol, no solo cumplía: destacaba. Se sentía cómodo, reconocido, útil.

¿La persona valía? Claro que sí. Pero no todos valemos para lo mismo. A veces basta con mover la pieza al lugar correcto para que ocurra eso que un CEO con el que trabajé llamaba, con cariño, magia.

Y aquí quiero volver a algo que ya dijimos en el capítulo de liderazgo: liderar es impactar en la vida de una persona y, con ella, en la de su familia. Que alguien esté feliz en su trabajo no es un detalle menor: es una responsabilidad enorme. Y, al menos desde nuestra parte, tenemos la obligación de hacerlo lo mejor posible para que así sea.

Eso me llevó a sistematizarlo, a darle un método, hasta convertirlo en lo que hoy en Bravos es uno de nuestros productos estrella: el Mapa de Talento. Un mapa que no solo refleja quién es quién dentro de un equipo, sino que permite ver dónde están las energías, dónde hay desajustes y dónde está el potencial. Y, sobre todo, que abre una pregunta poderosa: *¿qué pasaría si rediseñáramos el trabajo para que cada persona pudiera estar en su elemento la mayor parte del tiempo?*

TALENTO Y ALTO DESEMPEÑO

Si algo hemos visto a lo largo de este capítulo es cómo hemos ido arrastrando, tanto en la escuela como en la empresa, la misma lógica equivocada: forzar a las personas a encajar en moldes rígidos, castigar lo que se les da mal y apenas reconocer lo que de verdad saben hacer bien.

Pero los profesionales de alto desempeño demuestran lo contrario: han sabido descubrir aquello que se les da bien, lo que les apasiona y lo que el mundo necesita, y han convertido esa combinación en su vida y en su carrera.

Es, en el fondo, la esencia del *ikigai japonés*. Yo llegué a esa idea más tarde, después de darle muchas vueltas y de construir mi propio modelo. Y cuando lo vi pensé: "*¡si esto ya existía!*".

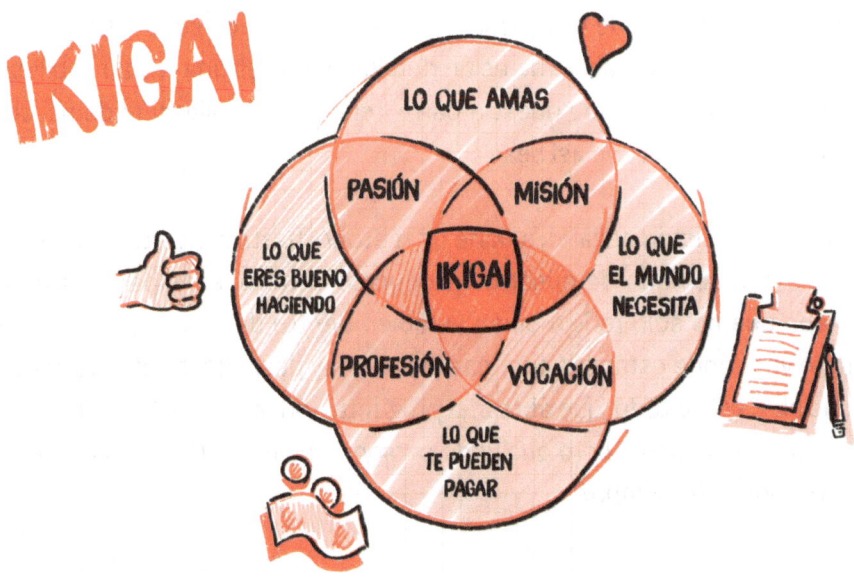

Ikigai

El denominador común de los grandes profesionales es doble. Por un lado, han encontrado su talento y lo han puesto al servicio de algo que tiene valor. Por otro, han invertido esfuerzo y disciplina en desarrollarlo al máximo.

Por eso, cuando hablamos de desarrollo de personas, no se trata de multiplicar planes de formación o diseñar interminables programas de mejora que pocas veces llevan a nada. La clave está en algo mucho más simple y poderoso: adaptar los puestos a las personas, y no las personas a los puestos.

Ahí está la diferencia entre una empresa que consume talento y otra que lo multiplica. Porque cuando pones a alguien a hacer aquello que se le da bien, no solo rinde más y mejor: también se compromete más, aprende más y aporta más.

Al final, no es tan complicado. El perro con las ovejas. El mono al árbol.

Capítulo 7
LA MOTIVACIÓN

La motivación que exige sumisión
no busca compromiso, busca control.

Canción:
***The hand that feeds you* de Nine Inch Nails**

"Will you stay down on your knees?"
"Will you bite the hand that feeds you?"

POR QUÉ HABLAMOS DE MOTIVACIÓN

En todas las empresas, en todos los equipos, siempre aparece la misma pregunta: ¿qué es lo que realmente motiva a las personas?

Si preguntas en una sala, las respuestas se repiten: *el dinero, el reconocimiento, el propósito, el ambiente, la flexibilidad, la carrera...* Todos tenemos una idea en la cabeza, pero casi nunca nos detenemos a pensar en qué significa *estar motivado*.

La palabra viene del latín *movere*, que significa "mover". Motivación es lo que nos pone en marcha, lo que nos impulsa a hacer algo con ganas, no solo porque nos lo mandan o porque toca. Es la diferencia entre hacer un trabajo porque hay que cumplir y hacerlo porque queremos hacerlo.

Y aquí está el punto clave: no es lo mismo obedecer que estar motivado.

- Obedecer es cumplir con lo mínimo.

- Estar motivado es dar un paso más, aportar energía, creatividad, compromiso.

> Las organizaciones del siglo XX funcionaban con obediencia. Las del XXI no sobreviven sin motivación.

En un entorno estable, bastaba con gente que cumpliera. Hoy, cuando todo cambia a gran velocidad, la diferencia entre un equipo motivado y uno desmotivado es enorme:

- Un equipo desmotivado entrega lo justo, llega al final del día y se desconecta.

- Un equipo motivado busca soluciones nuevas, anticipa problemas, colabora, empuja.

Por eso hablar de motivación no es un tema blando ni un lujo. Es una cuestión de supervivencia. Las empresas que entienden qué mueve a su gente, crecen. Las que no, se limitan a pagar nóminas a cambio de horas.

LA PIRÁMIDE DE MASLOW: UNA PRIMERA BRÚJULA

Si hay un modelo que todo el mundo asocia con la motivación es la famosa pirámide de Maslow. La habrás visto en cursos de management, en presentaciones de recursos humanos o incluso en memes de internet. Es un esquema sencillo, casi demasiado sencillo, pero que sigue sirviendo como primera brújula para entender lo que mueve a las personas.

Abraham Maslow, psicólogo estadounidense, planteó en 1943 que las necesidades humanas se ordenan en niveles. Imaginó esos niveles como una pirámide que va desde lo más básico hasta lo más elevado. La idea es simple: hasta que no cubrimos un nivel, es difícil que nos preocupemos por el siguiente.

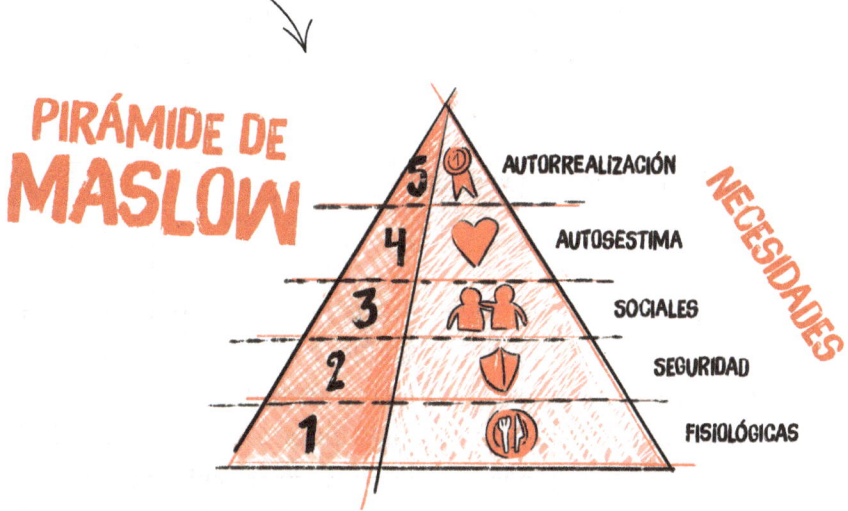

Pirámide Maslow

Los niveles son cinco:

1. **Necesidades fisiológicas.** Lo más elemental: comer, dormir, respirar, tener un techo. Sin esto no hay nada más.

2. **Necesidades de seguridad.** Tener estabilidad, un empleo que permita pagar facturas, no vivir con miedo a perderlo todo de un día para otro.

3. **Necesidades sociales.** Sentir que pertenecemos a un grupo, tener amigos, vínculos, ser parte de algo más grande que nosotros.

4. **Necesidades de reconocimiento.** No solo pertenecer, sino ser valorados, respetados, apreciados por lo que aportamos.

5. **Necesidad de autorrealización.** La cima: desplegar nuestro potencial, sentir que hacemos algo con sentido, que nuestra vida merece la pena.

La pirámide de Maslow se convirtió en un clásico porque refleja algo evidente: nadie piensa en su propósito vital si no tiene qué comer, y nadie se siente realizado en un trabajo donde no lo respetan.

Ahora bien, conviene matizar dos cosas:

- **No siempre subimos de forma lineal.** Hay personas que sacrifican seguridad por perseguir un sueño. Pensemos en tantos emprendedores que dejan un trabajo fijo, con nómina asegurada, para lanzarse a montar su propio proyecto. Desde fuera parece una locura —renunciar a la estabilidad por algo incierto—, pero para ellos tiene sentido porque lo que buscan no es seguridad, sino realización. Otros, en cambio, pueden encontrar propósito incluso en medio de la precariedad, porque lo que les sostiene es la pasión por lo que hacen. La vida es más compleja que un esquema perfecto.

- **En las empresas, la pirámide explica muchas frustraciones.** Si un equipo vive con miedo a despidos o siente que no se le reconoce, difícilmente estará motivado para innovar o comprometerse con el propósito de la compañía.

La pirámide, con sus limitaciones, nos da una primera pista: la motivación no empieza en lo material, pero tampoco puede ignorarlo.

HERZBERG Y LOS FACTORES HIGIÉNICOS

Unos años después de Maslow, otro psicólogo, Frederick Herzberg, fue un paso más allá. Estudió qué hace que la gente esté satisfecha o insatisfecha en el trabajo y llegó a una conclusión que desmonta muchos mitos: lo que nos motiva no es lo mismo que lo que nos desmotiva.

Herzberg dividió los factores en dos grandes grupos:

- **Factores higiénicos.** Son las condiciones mínimas para que una persona no se sienta mal en el trabajo: salario, seguridad, políticas claras, ambiente laboral razonable. Si fallan, generan descontento; si están presentes, simplemente "no molestan".

- **Factores motivadores.** Son los que realmente generan compromiso y ganas de dar más: retos interesantes, crecimiento, aprendizaje, autonomía, reconocimiento real, propósito.

La diferencia es clave:

- Los factores higiénicos no motivan, solo evitan la desmotivación.

- Los motivadores son los que realmente encienden la chispa.

El ejemplo más claro es el dinero.

Imagina que tu empresa decide subirte 3.000 euros al año.

- Durante los primeros días, quizá semanas, te sientes valorado, más animado, incluso con más energía.

- Pero pronto la subida se convierte en parte de tu sueldo "normal". Ya no lo vives como un extra, sino como un derecho adquirido. La motivación inicial se diluye.

Ahora cambia el escenario: la empresa te reduce 3.000 euros el salario.

- El enfado aparece al instante.

- Y esa sensación no se pasa en semanas: permanece, genera resentimiento, y es muy difícil de revertir.

Ese es el poder del dinero: no motiva en el largo plazo, pero sí tiene una enorme capacidad de desmotivar.

Pero muchas organizaciones siguen atrapadas en esta lógica: creen que con bonos, primas o incentivos económicos van a conseguir más compromiso. Pero lo único que logran es generar ciclos de entusiasmo breve seguidos de frustración.

El dinero es necesario, claro.
Es un factor higiénico imprescindible.
Pero si queremos motivación real,
hay que mirar más allá:
a la posibilidad de hacer un trabajo con sentido.

MCCLELLAND: TRES GRANDES MOTORES HUMANOS

Después de Maslow y Herzberg, otro psicólogo, David McClelland del que ya hemos hablado previamente, aportó una mirada aún más práctica. Estudió durante décadas qué es lo que impulsa a las personas en el trabajo y resumió sus hallazgos en tres grandes motores de motivación.

Los tres motores de McClelland:

1.  Logro

   - El deseo de superarse, de alcanzar metas exigentes, de demostrar capacidad.

   - Son personas que se motivan con retos concretos, con objetivos claros y medibles. Les gusta saber si han ganado o perdido, si han mejorado o no.

2.  Afiliación

   - La necesidad de pertenecer, de generar vínculos, de sentirse parte de un grupo.

   - Estas personas rinden más cuando trabajan en equipo, cuando sienten que forman parte de algo que les acoge y les valora.

3.  Poder

   - El impulso de influir, de guiar, de tener impacto en los demás o en el sistema.

   - Aquí no hablamos solo de ambición personal; también puede ser un poder institucional (para que la organización funcione) o un poder social (para fortalecer al grupo).

Cómo se ve en la práctica

Imagina una reunión de equipo:

- La persona motivada por logro se enfocará en los resultados: "¿Cuánto hemos avanzado? ¿Cuál es el siguiente objetivo?".

- La persona movida por afiliación pensará en la cohesión: "¿Cómo nos sentimos trabajando juntos? ¿Estamos alineados?".

- Y la persona con fuerte impulso de poder buscará influir en la decisión, marcar dirección, tener voz en el resultado.

Ninguno de los tres motores es mejor ni peor. Todos son necesarios. Lo importante es reconocer cuál predomina en cada persona y darle el espacio adecuado.

La conexión con Maslow y Herzberg:

 Maslow nos mostró la jerarquía de necesidades.

 Herzberg nos explicó la diferencia entre lo que evita la desmotivación y lo que realmente motiva.

 McClelland nos lleva un paso más allá: cada persona tiene un motor principal, y entenderlo es clave para conectar con su motivación real.

MÁS ALLÁ DE LO UNIVERSAL: EL ENEAGRAMA

Las teorías clásicas de la motivación ayudan a entender patrones generales. Nos explican qué suele funcionar con la mayoría, qué incentivos movilizan a los equipos o por qué ciertas políticas tienen efectos previsibles. Pero tienen un límite claro: no explican qué es lo que, a ti en concreto, te mueve de verdad.

Durante años vi a personas brillantes fracasar en entornos donde, en teoría, todo estaba bien diseñado. Y a otras, con perfiles aparentemente similares, florecer en condiciones casi idénticas. La diferencia no estaba en el salario, ni en el cargo, ni siquiera en el talento. Estaba en la motivación profunda de cada uno.

Fue en ese contexto donde conocí el eneagrama. No como un test ni como una etiqueta, sino como un marco de lectura de la personalidad. A mí me ayudó a entender por qué había tomado ciertas decisiones profesionales, por qué algunos entornos me agotaban y otros me daban energía. No porque me "explicara", sino porque me puso palabras a cosas que hasta entonces solo intuía.

Conviene aclararlo desde el principio: el eneagrama no es una receta mágica ni una herramienta para encasillar a nadie. Usado así, pierde todo su valor. En el mejor de los casos, es una herramienta de autoconocimiento. Una forma de identificar cuál es la motivación que nos sostiene y qué ocurre cuando la ignoramos durante demasiado tiempo.

En las organizaciones, ese matiz es clave. Porque cuando una persona trabaja de espaldas a su motivación profunda, el problema no suele aparecer de golpe. Aparece como desgaste, como frustración difusa, como desalineación silenciosa. Y eso, acumulado en el tiempo, termina pasando factura tanto a la persona como a la empresa.

LOS NUEVE ENEATIPOS

El eneagrama no describe personas "buenas" o "malas", ni talentos, ni competencias. Describe motores. Nueve formas distintas de relacionarse con el mundo, de buscar sentido y de sostener la propia energía.

Todos tenemos algo de cada uno, pero siempre hay uno que predomina. Y ese motor, cuando encuentra el contexto adecuado, impulsa. Cuando no, se convierte en fuente de desgaste.

En las organizaciones solemos cometer el mismo error: tratamos de motivar a todos de la misma manera. Diseñamos incentivos universales, estructuras homogéneas y reglas comunes, esperando que funcionen igual para todos. Pero no lo hacen. Porque lo que activa a una persona puede apagar a otra.

Ahí es donde el eneagrama se vuelve interesante para las organizaciones. No como etiqueta psicológica, sino como mapa de fricciones entre personas y sistemas.

Eneatipo 1: El perfeccionista

El eneatipo uno vive con un fuerte sentido interno de lo correcto. Necesita coherencia, orden y la sensación de que las cosas se hacen bien. Su motor no es el control, sino la integridad. Mejora lo que toca porque siente la responsabilidad de hacerlo mejor.

Son personas exigentes, trabajadoras y comprometidas. Cuando algo no funciona, lo ven rápido. Cuando algo se puede mejorar, no pueden ignorarlo.

En organizaciones con criterios claros, propósito definido y estándares compartidos, el uno eleva el nivel de todo el sistema. Aporta estructura, fiabilidad y rigor.

El problema aparece en entornos incoherentes, donde las decisiones parecen arbitrarias o los valores cambian según convenga. Ahí el uno se tensa, se vuelve rígido y crítico. No porque sea inflexible por naturaleza, sino porque el sistema no le ofrece un marco ético al que agarrarse.

Eneatipo 2: El ayudador

El eneatipo dos se mueve por la necesidad de sentirse útil y conectado con los demás. Su energía recuerda que el trabajo también va de personas. Ayudar no es una estrategia: es su forma natural de estar en el mundo.

Son empáticos, atentos y capaces de anticipar lo que otros necesitan incluso antes de que lo pidan. Cuando se sienten valorados, dan mucho más de lo que se les exige.

En culturas humanas y colaborativas, el dos sostiene los vínculos invisibles del equipo. Crea comunidad, cuida el clima y amortigua tensiones.

En organizaciones frías, muy competitivas o centradas solo en resultados, el dos se desorienta. Si su aportación relacional no se reconoce, puede acabar sobreentregándose, cruzando límites o acumulando frustración silenciosa. No porque espere aplausos, sino porque necesita sentir que su cuidado importa.

Eneatipo 3: El triunfador

El eneatipo tres se activa con el logro, la eficiencia y el avance visible. Necesita sentir que progresa y que su esfuerzo tiene impacto. La acción le da identidad.

Son personas orientadas a objetivos, capaces de sostener ritmos altos y de convertir ambición en resultados. Donde otros dudan, el tres ejecuta.

En organizaciones que saben reconocer el mérito real, el tres empuja al conjunto hacia adelante. Marca ritmo, contagia ambición y hace que las cosas pasen.

El problema surge cuando el sistema premia solo la imagen o confunde éxito con apariencia. Entonces el tres puede desconectarse de lo que hace y vivir atrapado en la validación externa. No es que sea superficial; es que el entorno le ha enseñado que solo vale lo que se ve.

Eneatipo 4: El individualista

El eneatipo cuatro busca autenticidad y significado. Necesita sentir que lo que hace expresa algo propio y tiene profundidad. No le basta con cumplir: quiere sentido.

Son sensibles, creativos y capaces de captar matices que otros pasan por alto. Aportan mirada, emoción y una forma distinta de entender la realidad.

En organizaciones que valoran la singularidad y la expresión personal, el cuatro florece. Enriquece la cultura y da profundidad a los proyectos.

En sistemas excesivamente normativos o estandarizados, el cuatro se siente fuera de lugar. No porque no pueda adaptarse, sino porque el precio es renunciar a sí mismo. Cuando eso ocurre, aparece la melancolía, la comparación constante o la sensación de no encajar nunca del todo.

Eneatipo 5: El investigador

El eneatipo cinco necesita comprender para sentirse seguro. Su motor es el conocimiento. Antes de actuar, observa. Antes de decidir, analiza.

Son personas reflexivas, objetivas y con gran capacidad de concentración. Ven lo que otros pasan por alto porque no reaccionan a la primera.

En organizaciones que respetan el pensamiento profundo y los tiempos de análisis, el cinco aporta claridad, visión estratégica y rigor intelectual.

En entornos hiperreactivos, donde todo es urgente y se decide sin reflexión, el cinco se repliega. No por desinterés, sino porque el sistema no le permite procesar. Desde fuera puede parecer distancia; desde dentro, es autoprotección.

Eneatipo 6: El leal

El eneatipo seis se mueve por la búsqueda de seguridad y pertenencia. Necesita confiar en el sistema y en quienes lo lideran. Su motor es la lealtad.

Son responsables, comprometidos y muy conscientes de los riesgos. Cuidan al grupo porque necesitan sentirse parte de algo sólido.

En organizaciones con liderazgo claro y reglas previsibles, el seis es un pilar. Anticipa problemas, protege al equipo y sostiene el funcionamiento diario.

En contextos ambiguos, cambiantes o con mensajes contradictorios desde la dirección, el seis entra en duda y ansiedad. No porque sea inseguro, sino porque el sistema no le ofrece suelo firme sobre el que apoyarse.

Eneatipo 7: El entusiasta

El eneatipo siete se mueve por la búsqueda de experiencias, posibilidades y libertad. Necesita sentir que la vida —y el trabajo— es un espacio abierto, no una jaula. Su energía aparece cuando hay retos nuevos y margen para explorar.

Son optimistas, creativos y generadores de ideas. Cuando algo les interesa, se entregan con intensidad. Cuando no, se apagan rápido.

En organizaciones dinámicas, el siete abre caminos, conecta oportunidades y contagia entusiasmo.

En entornos rígidos y controladores, el siete se dispersa o huye del compromiso. No porque no asuma responsabilidades, sino porque su motor se asfixia. Lo que desde fuera parece falta de foco, desde dentro es sensación de encierro.

Eneatipo 8: El desafiador

El eneatipo ocho necesita sentir fuerza, impacto y capacidad de influir. Se activa cuando puede proteger, decidir y empujar. Su motor es la intensidad vital.

Son directos, valientes y poco amigos de las medias tintas. No rehúyen el conflicto si creen que es necesario.

En organizaciones que toleran la confrontación sana y valoran la toma de decisiones, el ocho es un líder natural. Defiende a los suyos y empuja al sistema cuando se estanca.

En sistemas débiles, excesivamente políticos o ambiguos, el ocho se endurece. El control y la confrontación aparecen cuando no existen canales claros para ejercer influencia de forma constructiva.

Eneatipo 9: El pacificador

El eneatipo nueve busca armonía y equilibrio. Necesita paz interior y externa para funcionar. Su motor es la unión.

Son personas conciliadoras, capaces de integrar puntos de vista distintos y rebajar tensiones. Aportan estabilidad emocional al grupo.

En culturas colaborativas, el nueve es un gran equilibrador. Escucha, conecta y genera cohesión.

En organizaciones donde el conflicto se evita o se castiga, el nueve desaparece. Se vuelve pasivo y deja de decidir. No porque no tenga criterio, sino porque el sistema le enseña que expresar su opinión rompe la paz.

Cuando el motor encuentra —o no— su lugar

Conviene añadir una advertencia final.

Si queremos trabajar de verdad el encaje dentro de las organizaciones, hay algo que no podemos dar por supuesto: la mayoría de las personas no sabe qué le motiva, qué la apaga ni en qué tipo de contexto funciona mejor. No venimos de casa con ese conocimiento.

Y esto complica mucho más todo lo que ocurre después.

Porque a todos nos ha pasado: desde fuera vemos con claridad que alguien no está encajando. Detectamos comportamientos, fricciones, desgaste. Pero desde dentro, esa persona muchas veces no tiene ni idea de qué le ocurre. Solo sabe que algo no funciona, que se esfuerza y aun así no fluye.

Por eso, en las organizaciones es habitual ver personas valiosas intentando comportarse como algo que no son —perros haciendo de ovejas, gatos convencidos de que son monos—. No porque quieran fingir, sino porque el sistema les empuja a adaptarse sin entenderse.

Cuando una empresa decide abordar este trabajo, no parte de una situación ideal. Entra en terreno complejo. No trabaja con personas que llegan resueltas de casa, sino con personas que llevan años adaptándose como pueden, muchas veces interpretando papeles que no les corresponden.

Que las empresas se tomen en serio este enfoque —ayudar a las personas a comprenderse mejor, a entender su motor y a colocarlas donde además tienen talento— es profundamente humanista. Y además inteligente, porque las personas rinden más, producen más y generan más valor.
No es motivación abstracta; es desempeño y es dinero.

Mi experiencia personal

Todo esto no lo aprendí en abstracto ni leyendo libros. Lo aprendí conmigo mismo, mucho antes de aplicarlo en organizaciones.

Cuando descubrí el eneagrama entendí algo que me acompañaba desde siempre: soy un eneatipo 7, con ala 8.

El siete es el entusiasta: optimista, creativo, siempre en busca de experiencias nuevas. Pero el ala ocho le añade fuerza, determinación y un punto de desafío. Eso explica por qué, desde pequeño, siempre fui inquieto, con ganas de probarlo todo, pero al mismo tiempo con una energía rebelde, de no aceptar fácilmente lo que me imponían.

REINTERPRETAR LA INFANCIA

Durante mi infancia, ese rasgo fue visto como un problema. En un sistema educativo rígido, disciplinario, un niño con hambre de experiencias y con espíritu desafiante no encajaba. Me castigaban por no seguir las normas, cuando en realidad lo que me movía era otra cosa: la necesidad de explorar, de experimentar, de no quedarme encerrado en una sola vía. Y aquí se refleja bien la naturaleza del siete: lo que le gusta le da energía e impulsa hacia adelante; lo que no, lo apaga y le pesa. Esa combinación, en una escuela rígida y autoritaria, era una receta para el conflicto permanente.

El eneagrama me ayudó a reinterpretar todo eso. No era que "algo estuviera mal en mí", sino que mi motor vital no encontraba espacio en ese entorno. Donde el sistema veía desobediencia, en realidad había una energía vital que pedía salir de otra forma.

Ya de adulto, esa misma combinación de entusiasmo y fuerza me orientó hacia una carrera distinta. Descubrí que no bastaba con trabajar en lo que era bueno —mis talentos, mis capacidades técnicas—, sino que necesitaba también conectar con lo que me motivaba profundamente: retos nuevos, proyectos que me dieran libertad, espacios donde pudiera aportar energía y visión.

El ala ocho me dio además el impulso de no conformarme, de querer transformar y desafiar lo establecido. Eso explica por qué nunca me he sentido cómodo en organizaciones demasiado rígidas. Mi motor necesita libertad, pero también impacto. Y aquí apareció otra pieza de mi identidad: siempre se me ha dado bien desafiar convencionalismos, cuestionar las normas escritas, poner en duda aquello que se hace "porque siempre se ha hecho así". Esa mezcla de entusiasmo y rebeldía ha sido, en muchos momentos, una incomodidad para los demás... pero también una de mis mayores fortalezas.

TRANSICIÓN HACIA EL SENTIDO

Conectar mi eneatipo con mi historia personal me llevó a una conclusión clave: la motivación real aparece cuando talento y motor vital se encuentran. No basta con ser competente; tampoco basta con disfrutar. La verdadera energía surge cuando aquello que haces bien coincide con aquello que te da sentido.

DOS EJEMPLOS

Lo interesante del eneagrama es que no solo sirve para entenderte a ti mismo, sino también para comprender qué mueve a los demás. A lo largo de mi vida profesional lo he utilizado siempre que he podido. Cuando he sido capaz de detectar el eneatipo de una persona —que no siempre es fácil ni evidente—, se convierte en una herramienta potentísima para atraer, motivar y ayudar a tomar decisiones.

Recuerdo un caso en un proceso de selección en el que teníamos a un candidato con un perfil muy claro de eneatipo 3, el triunfador. Era alguien con una carrera estable, resultados excelentes y reconocimiento en su sector. No estaba pensando en moverse; su motivación era seguir manteniendo el éxito que ya había construido.

Sin embargo, al analizar su motor vital entendí que lo que realmente lo movía no era la estabilidad, sino la visibilidad: el reconocimiento social, la proyección hacia afuera, el impacto en cómo lo percibían los demás. Al presentar la propuesta, destaqué precisamente eso: cómo el nuevo proyecto le iba a dar mayor exposición, más visibilidad y un impacto mucho más grande en la sociedad.

Ese fue el factor clave que lo llevó a dar el salto. No fueron las condiciones económicas ni la seguridad, sino haber tocado directamente su motivación profunda.

El contraste se ve aún más claro cuando no ocurre lo mismo. Lo viví en primera persona en un hospital donde estuve ingresado tras una fractura de huesos. Allí coincidí con un enfermero que, claramente, no era un eneatipo 2. No era alguien movido por el cuidado ni por la empatía. Su perfil parecía más bien el de alguien que disfruta de la técnica, de la precisión, del procedimiento, mucho más cómodo con la parte técnica que con la humana.

El problema es que en aquel momento yo estaba muy dolorido. Me acababan de poner unas placas en los huesos, tenía los músculos distendidos y la medicación no estaba surtiendo efecto paliativo. El dolor era insoportable: cuando se desplazan todos los músculos y tendones de una zona, duele muchísimo.

Y aquel enfermero se limitaba a lo justo: cumplir el procedimiento sin ir más allá, sin mostrar la más mínima vocación de querer aliviar el dolor que estaba pasando. La situación llegó a tal punto que mi mujer —también enfermera— acabó discutiendo con él sobre el tratamiento y lo que debían administrarme. Al final, otra enfermera tuvo que resolver la situación, y su cara lo decía todo respecto a su compañero.

Es un ejemplo claro del impacto del desajuste entre persona y rol. Ese enfermero, con toda su profesionalidad, estaba en un lugar que no le correspondía. Y esa falta de encaje no solo lo hacía infeliz a él, sino que empeoraba la experiencia de los pacientes y tensaba el ambiente de trabajo con sus compañeros. Cuando alguien está en un rol que no encaja con él, el problema no se queda en esa persona: acaba afectando al entorno.

SENTIDO DE VIDA VS. FELICIDAD

Al mirar hacia atrás y reconocer cómo mi motor vital me orientó en la vida y la carrera, apareció una conclusión clara: lo que de verdad sostiene la motivación no es la felicidad momentánea, sino el sentido.

La felicidad siempre será cambiante. Hay etapas de dicha, plenitud y alegría, y otras en las que aparece el dolor, la pérdida o la frustración. Es inevitable. Pretender vivir en un estado de felicidad permanente es tan irreal como esperar que siempre haga sol.

La felicidad es, en el fondo, una respuesta emocional a los resultados: si logro lo que esperaba, me siento feliz; si no, me decepciono. El problema es que, si la motivación se basa solo en eso, estamos condenados a la montaña rusa: arriba cuando ganamos, abajo cuando no.

El sentido funciona distinto. No depende de un desenlace concreto, es constante. Es lo que sentimos cuando hacemos aquello para lo que estamos hechos, sin importar el resultado final. El sentido no mide la temperatura del día; marca dirección, como una brújula. Cuando lo que hacemos conecta con lo que somos, podemos atravesar momentos duros sin perder el rumbo. El dolor cansa; la falta de sentido vacía.

A lo largo de mi carrera me han dicho en varias ocasiones que genero cambio en la vida de las personas, que les he hecho replantearse cosas importantes. Nunca le di demasiada importancia ni me lo creí del todo. Pero sí he comprobado algo: cuando trabajas con un equipo desde metodologías que tocan lo profundo —su personalidad, sus motivaciones, su manera de relacionarse—, la gente reflexiona.

Yo lo he aprendido conmigo mismo. Primero recorriendo el camino para entender qué me movía a mí, y después compartiéndolo con otros. Vengo de hacer ese trayecto.

Cuando una persona descubre qué tipo de personalidad predomina en ella, cuales o qué "color" refleja según la metodología de Jung, se abre una conversación distinta. Ya no hablamos solo de tareas o resultados, sino de lo que cada uno necesita para dar lo mejor de sí mismo. Y cuando a esa mirada se le añaden los motores de motivación y los factores tractores, la reflexión se multiplica.

Las preguntas se vuelven inevitables: *¿Estoy donde toca? ¿Soy un perro intentando subir a un árbol? Si lo que me gustan son las ovejas, ¿qué hago aquí empeñado en trepar?*

En muchas ocasiones me han contado después, que este ejercicio fue el desencadenante para iniciar un cambio de carrera, ajustar su vida hacia algo que tenía más sentido o incluso acudir a un psicólogo. Y lo cierto es que jamás pensé que fuera mérito mío. Yo solo comparto un camino que ya existe y utilizo herramientas que otros han creado. Estaban ahí mucho antes de mí. Pero confieso que me hace muy feliz ver que, a veces, ese trabajo abre una puerta en la vida de alguien. Mucho.

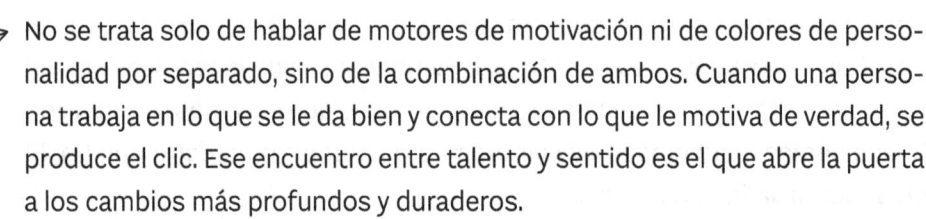

No se trata solo de hablar de motores de motivación ni de colores de personalidad por separado, sino de la combinación de ambos. Cuando una persona trabaja en lo que se le da bien y conecta con lo que le motiva de verdad, se produce el clic. Ese encuentro entre talento y sentido es el que abre la puerta a los cambios más profundos y duraderos.

Capítulo 8
EL DINERO

El dinero no es el problema.
El problema es lo que dejas de ser por él.

Canción:
Demon cleaner de Kyuss

**"I'm a demon cleaner
Livin' just for now..."**

DEL ENTUSIASMO A LA DESMOTIVACIÓN

En el capítulo anterior hablamos de Herzberg y sus factores de motivación. Él ya nos dio una pista clara: el dinero no motiva, pero sí desmotiva. Y esa frase, que parece casi un juego de palabras, encierra una verdad incómoda que cualquier persona que haya trabajado en una empresa ha vivido de primera mano.

Pasa siempre igual: cuando suben el sueldo, la energía dura unas semanas, tal vez unos meses. Te sientes valorado, más ligero, incluso más optimista. Pero pronto esa subida se convierte en parte del paisaje. El nuevo sueldo ya no es un "extra": es tu sueldo normal. Y la motivación desaparece con la misma rapidez con la que había llegado.

Ahora cambia el escenario: imagina que te quitan parte del sueldo, o que descubres que alguien que aporta lo mismo que tú cobra bastante más. El efecto no dura semanas, ni meses: puede durar años. La sensación de injusticia no se disuelve, se acumula. Se convierte en resentimiento, en desconfianza, en un runrún que no desaparece de la cabeza.

 Ese es el poder real del dinero: no empuja hacia arriba, pero sí puede tirar con fuerza hacia abajo.

El dinero explica buena parte de los conflictos internos de las empresas. Y aunque a veces intentemos edulcorar la conversación con palabras como propósito, cultura o desarrollo personal, hay una base que nunca podemos olvidar: el 99% de la población trabaja, antes que nada, porque necesita cobrar a fin de mes.

EL DINERO SIEMPRE ESTÁ EN MEDIO

En cualquier conversación dentro de la empresa —ya sea en un comité de dirección o en la máquina de café— el dinero siempre aparece. Puede disfrazarse de presupuesto, de incentivos, de bonus o de recursos. Pero al final, cuando rascamos, el conflicto suele reducirse a lo mismo: quién cobra qué, quién cobra más y quién cree que debería cobrar más.

Las empresas a veces quieren ocultar este hecho con discursos inspiradores. Hablan de propósito, de cultura, de valores. Todo eso es importante, sin duda. Pero cuando llega el día de la nómina, lo que miran las personas no es un póster motivacional, sino la cifra que entra en su cuenta bancaria.

El intento de esconder esa realidad siempre ha fracasado. Antes, en las fábricas, el día de cobro era un espectáculo. Recuerdo bien las escenas: cientos de personas con el sobre o el papel de la nómina en la mano, enseñándoselo al de al lado, comparando cantidades como quien compara cromos. Hoy ya no hay sobres ni papelitos; las nóminas son digitales, privadas, accesibles desde una aplicación. Pero la dinámica no ha cambiado tanto: ahora las comparaciones circulan por WhatsApp, por conversaciones de pasillo o por rumores que siempre terminan siendo ciertos.

Las empresas pueden intentar mantener la opacidad salarial, pero al final todo se sabe. Y esa opacidad no reduce los conflictos, los multiplica. Porque cuando la información es incompleta, lo que llena el vacío no es la verdad, sino la sospecha. Y la sospecha suele ser peor que la realidad.

Aquí está la contradicción: el dinero se convierte en un secreto a voces. Oficialmente no se habla de él, pero extraoficialmente todos lo comentan. Oficialmente no se comparte, pero en la práctica circula en rumores, cifras parciales y comentarios que nunca desaparecen.

El resultado es inevitable: el dinero está en medio de casi todas las conversaciones difíciles en la empresa. Se discute abiertamente o se murmura por debajo, pero siempre está presente. Y si no se gestiona bien, se convierte en el ruido de fondo que envenena la relación entre personas y departamentos.

EL AGRAVIO COMPARATIVO: LA MECHA DE LA DESMOTIVACIÓN

Si hay algo que enciende la desmotivación más rápido que casi cualquier otra cosa es sentirse tratado con desigualdad.

No hablamos de cobrar poco en términos absolutos, sino de cobrar menos que alguien que aporta lo mismo… o incluso menos.

Dentro de un mismo equipo, esto es letal. Todos sabemos que en cualquier departamento hay personas que rinden más y personas que rinden menos. Esa diferencia, aunque moleste, suele tolerarse. Siempre habrá quien tire del carro y quien se deje llevar un poco más. Pero lo que resulta insoportable es que quien menos aporta cobre más que los demás. Ahí se rompe algo.

Un clásico en muchas organizaciones es el caso de un manager que, por motivos estructurales o de desempeño, ha tenido que ser degradado y volver a una posición similar a la de sus compañeros. El buenismo, el paternalismo o, simplemente, el miedo a tener una conversación difícil hace que su salario no se ajuste. Sigue cobrando lo mismo que antes.

El equipo lo sabe —siempre lo sabe, tarde o temprano—. Y desde ese momento, la desmotivación se instala. Porque pocas cosas queman tanto como ver a alguien ganar más dinero por hacer lo mismo… o menos que tú.

Lo mismo ocurre entre áreas. Un manager de operaciones que descubre que un manager comercial con responsabilidades equivalentes cobra mucho más, aunque ambos trabajen en la misma empresa. O un técnico de IT que sabe que su homólogo en finanzas gana un 30% más. En esos casos, la comparación se convierte en frustración crónica.

El problema es que estas comparaciones rara vez se racionalizan. Da igual cuántos argumentos dé la empresa para justificar diferencias —mercado, demanda de talento, escasez de perfiles—. Para quien siente que cobra menos de lo que merece, esas explicaciones suenan a excusas. Lo único que percibe es injusticia.

Y la injusticia es un veneno muy potente en las organizaciones. Porque no se queda en una queja individual. Se contagia.

Quien se siente mal pagado no solo baja su rendimiento. Cambia la manera en la que habla, en la que se implica y en la que mira a la empresa. La frustración aparece en las conversaciones de pasillo, en los comentarios irónicos, en los chistes de café. Y poco a poco va calando a sus compañeros.

Lo más perverso es que el agravio comparativo no aparece solo cuando alguien cobra poco o es degradado. Aparece, incluso en momentos de incrementos salariales.

Recuerdo el caso de una persona que abandonó una empresa después de una subida de sueldo porque descubrió que a una compañera —a la que consideraba de rendimiento y responsabilidad similar, aunque objetivamente su desempeño era inferior— le habían subido más el salario.

Objetivamente estaba mejor. Pero la comparación lo estropeó todo.

La lógica diría que deberíamos estar satisfechos si cobramos más que antes. Pero en la práctica, lo que cuenta no es cuánto subes tú, sino cuánto sube el de al lado. Y cuando tu subida es menor, lo que se instala no es gratitud, sino frustración. Y, aunque nos cueste admitirlo, también algo de envidia.

Ese es el poder corrosivo de la comparación: convierte incluso una buena noticia en un motivo de enfado. Como dijo Theodore Roosevelt, la comparación es el ladrón de la alegría.

No se mide solo lo que uno gana, sino lo que ganan los demás. Y cuando esa balanza se percibe como injusta, la motivación se desploma. Y si además la injusticia es objetiva —como en el caso del ex-manager degradado que sigue cobrando como jefe—, el efecto se multiplica.

> Por eso, el agravio comparativo es mucho más dañino que una nómina baja. Un salario modesto pero justo se acepta. Un salario desigual se convierte en conflicto permanente.

BANDAS SALARIALES Y SISTEMAS DE COMPENSACIÓN

La única forma de reducir el ruido del agravio comparativo es poner reglas claras. No existe un sistema perfecto, ni uno que deje a todo el mundo satisfecho, pero sí se pueden sentar unas bases que den al menos una sensación de justicia relativa.

Cuando he asumido la dirección de personas de una empresa o he liderado procesos de consultoría, la primera fase siempre ha sido asegurar que la parte retributiva estaba ordenada y, si no lo estaba, ponerla en orden. Da igual cuánto se quiera hablar de cultura, liderazgo o transformación digital: si la gente siente que el sistema salarial es injusto, todo lo demás suena a humo.

Por eso, los sistemas de bandas salariales son tan importantes.

Permiten ordenar los niveles de la organización en tramos: operarios, técnicos, managers, directivos. Dentro de cada tramo se establecen rangos que definen cuánto se puede cobrar en función de la experiencia, el desempeño y el mercado.

Este modelo no elimina la frustración, pero la hace manejable. Porque lo que mina a un equipo no es tanto cobrar menos que otro, sino no entender por qué. Cuando las reglas están claras —aunque no gusten—, al menos hay un marco común de referencia.

El problema aparece cuando esos criterios no se aplican de forma coherente. Volvemos entonces a la situación de injusticia objetiva: el ex-manager que sigue cobrando como jefe, el técnico que gana más que su superior porque se le retuvo en su día con un plus que ya no tiene sentido. Estas incoherencias destruyen la credibilidad de todo el sistema.

Lo que he aprendido es que no hay nada que desgaste más a una empresa que una estructura salarial mal gestionada. Puede que a corto plazo convenga evitar la conversación difícil y dejar las cosas como están, pero a medio plazo el coste es enorme: ruido constante, resentimiento acumulado y talento que se marcha.

Por eso, implantar bandas salariales y vincularlas a criterios de desempeño claros no es un ejercicio burocrático, es una inversión en paz interna. Porque si no hay reglas, las comparaciones se hacen a ojo. Y cuando las comparaciones se hacen a ojo, casi siempre se sienten injustas.

Eso sí: conviene no engañarse. Un sistema más justo —que nunca será percibido como justo por todos— no hará que la empresa rinda más por sí mismo. Lo que hará es algo igual de importante: eliminar gran parte del ruido que impide que la empresa rinda como debería.

No es gasolina para acelerar, es quitar palos en las ruedas.

INCENTIVOS: DIVIDIR O HACER CRECER LA TARTA

Si los salarios marcan la base de justicia dentro de una empresa, los incentivos deberían ser el motor que empuje a mejorar resultados. El problema es que, cuando están mal diseñados, hacen justo lo contrario: generan fricción, enfrentan a las personas y acaban restando más de lo que suman.

Recuerdo un caso muy claro. Con buena intención, diseñamos incentivos distintos para dos directores. El director comercial tenía un objetivo sencillo: vender más. Su bonus dependía de eso. El director de operaciones, en cambio, tenía otro objetivo: reducir el stock del almacén. Sobre el papel parecía razonable. En la práctica, habíamos encendido una bomba de relojería.

Comercial empujaba a vender cada vez más, aunque eso implicara prometer entregas rápidas. Operaciones, para cumplir su objetivo, reducía el stock al mínimo, porque cuanto menos inventario, mejor salía su indicador. Cuando llegó un pedido importante, el almacén no pudo responder y el cliente no recibió el producto a tiempo.

La reunión posterior fue tensa. Dos directores defendiendo con razón su parcela, la discusión subiendo de tono y el cliente, al final, pagando las consecuencias. No era un problema de actitud ni de compromiso. Ambos estaban muy implicados. El problema era de diseño: los incentivos los empujaban a competir entre sí en lugar de colaborar.

> Ahí entendí algo fundamental: un sistema de incentivos mal planteado no solo no motiva, sino que destruye. Convierte a compañeros en rivales y pone a la empresa a luchar contra sí misma.

Con el tiempo confirmé que un equipo de dirección no puede funcionar con objetivos enfrentados. Si cada directivo corre por su carril, nadie llega a la meta. Los incentivos del comité de dirección deben estar ligados a resultados globales: objetivos compartidos, indicadores transversales y métricas de negocio como el EBITDA o el EBT. De lo contrario, lo único que hacemos es reforzar los silos que decimos querer eliminar.

La clave está en cambiar el enfoque. Los incentivos no deberían servir para repartirse la misma tarta de siempre, sino para hacerla más grande.

Un buen incentivo es aquel que se autofinancia. Por ejemplo, si una empresa consigue reducir el absentismo en cinco puntos y eso supone un ahorro de 200.000 euros, ese dinero no existía antes. Surge del esfuerzo colectivo. Parte de ese ahorro puede destinarse a incentivar a los equipos. No se trata de redistribuir lo que ya había, sino de compartir una ganancia nueva. Así, todos ganan: la empresa mejora resultados y las personas ven un retorno claro de su esfuerzo.

Este enfoque cambia por completo la dinámica. Un incentivo que reparte una tarta más grande fomenta colaboración. Uno que reparte siempre la misma tarta genera pelea.

Y no todo es ahorro de costes. Los incentivos también pueden alinearse con proyectos estratégicos de crecimiento. Pensemos en la apertura de un nuevo mercado. Si ese plan implica un incremento relevante de ventas, el objetivo puede plantearse de forma transversal: logística, comercial, legal, operaciones, marketing. Cada área contribuye desde su rol, pero todos saben que el éxito es común. El beneficio que se genere —que antes no existía— permite financiar los incentivos y refuerza un mensaje muy claro: cuando la empresa gana, se gana juntos.

Eso sí, no todos los roles funcionan igual. En equipos comerciales, el incentivo individual tiene sentido. Es la clásica zanahoria y, en ese contexto, funciona. Pero en los equipos de dirección el planteamiento debe ser distinto. Un comité de dirección no puede comportarse como un grupo de individuos persiguiendo objetivos contradictorios sin dañar a la organización.

En el fondo, un sistema de incentivos bien diseñado no divide, multiplica. No premia al más listo en llevarse la mejor porción, sino a todos por hacer crecer la tarta. Ese es su verdadero sentido: alinear a la organización en torno a objetivos comunes, medibles y generadores de valor real.

EL DINERO Y EL FUTURO DEL TRABAJO

El dinero seguirá siendo la base del contrato laboral. Podemos hablar de motivación, de propósito, de cultura y de bienestar, pero ninguna de esas piezas funciona si no está resuelta la parte económica. El salario es el cimiento sobre el que se construye todo lo demás.

Bien gestionado, el dinero da estabilidad. Ordena las comparaciones, reduce el ruido y permite que la energía de la organización se concentre en avanzar. Pero mal gestionado, el dinero arrastra conflictos durante años. Una estructura salarial incoherente, un agravio comparativo no resuelto o un sistema de incentivos mal planteado no solo desmotivan, sino que enquistan resentimientos que terminan contaminando la cultura entera.

El reto no es eliminar el dinero como factor, porque eso es imposible. El reto es usarlo para alinear intereses individuales y colectivos: que cada persona sienta que su esfuerzo tiene una traducción justa en su retribución, y que la empresa perciba que ese esfuerzo impulsa su estrategia.

Ahí está el punto clave. Porque el dinero, aislado, nunca explica del todo la dinámica de una organización. El dinero cobra sentido dentro de un marco más amplio: la estrategia.

Sin estrategia, cualquier sistema retributivo se convierte en un juego de fuerzas cortoplacistas. Y siempre sucede lo mismo: el dinero acaba repartiéndose de forma desigual en función del poder formal que tengan ciertos directivos. El que tiene más influencia en la mesa de decisiones suele llevarse la mejor parte, para él y para su equipo, aunque no siempre sea lo mejor para la organización.

Esta es la razón por la que todas las grandes compañías pagan por la consecución de objetivos colectivos. No se trata de premiar al que más poder tenga en la mesa, sino de asegurar que todos los directivos empujan en la misma dirección. Apple, por ejemplo, nunca ha dejado su estrategia en manos de negociaciones individuales: los resultados se miden en función del avance de la compañía en su conjunto. Lo mismo ocurre con Toyota o Microsoft, donde los bonos de los equipos de dirección dependen en gran medida del cumplimiento de los planes estratégicos y de los indicadores globales, no solo del rendimiento de cada área.

Al final, todo vuelve al principio:
el dinero no motiva, pero sí desmotiva.
Mal gestionado, puede destrozar una organización entera;
bien gestionado, te alinea y elimina obstáculos.

Parte III
Estrategia y futuro

Capítulo 9
LA ESTRATEGIA

La rutina puede estar bien ejecutada.
Y aun así alejarte de donde quieres ir.

Canción:
Synchronicity II de The Police

"Another working day has ended
Only the rush hour hell to face..."

DE LA FÁBRICA AL ALGORITMO

Imagina a Frederick Taylor a principios del siglo XX, cronómetro en mano, midiendo el tiempo que tardaba un obrero en apretar un tornillo. Ahora salta a 2025 y piensa en una ingeniera de software que trabaja en remoto, colaborando con colegas en tres continentes a través de plataformas digitales. Ambos buscan producir valor, pero sus realidades no tienen nada que ver.

Ese contraste no es un ejercicio histórico, es una advertencia. Seguimos gestionando organizaciones del siglo XXI con reflejos del siglo XX. La lógica del control, que tenía sentido en fábricas y oficinas estables, se ha convertido en un freno en mercados que cambian a la velocidad de la tecnología.

Aquí está la diferencia esencial:

- En el mundo de Taylor, controlar era ganar.

- En el nuestro, controlar es frenar.

El management clásico cumplió su papel: dio claridad, orden y eficiencia en un contexto previsible. Pero hoy, cada capa de reporte, cada jerarquía rígida y cada procedimiento pensado para evitar errores más que para generar valor, se convierte en lastre.

Por eso, el debate no es si debemos abandonar el pasado, sino reconocer que el terreno de juego ha cambiado. En un entorno acelerado, repetir lo mismo con disciplina ya no basta. No necesitamos más control, sino dirección.

Y esa dirección se llama estrategia.

La estrategia no es un plan en un documento ni un eslogan que se cuelga en la pared. Es la brújula que permite que una organización navegue en medio de la incertidumbre.

Señala el rumbo, ayuda a decidir qué proyectos
tienen sentido y cuáles no, y evita que la energía
se disperse en mil iniciativas sin conexión.

Por eso esta sección abre el capítulo: para subrayar que la transición clave no es solo tecnológica o cultural, sino de control a dirección. El management clásico organizaba la ejecución; la estrategia moderna organiza la adaptación.

La pregunta es: ¿hasta qué punto tu empresa sigue atrapada en el viejo paradigma? ¿Cuánto tiempo se dedica a "controlar" lo que ya está en los sistemas? ¿Cuántas decisiones se bloquean en jerarquías que aportan orden, sí, pero a costa de velocidad?

DEL DISCURSO AL RUMBO

La palabra "estrategia" suena grandilocuente. Parece reservada a gurús, manuales de consultoría o documentos con cientos de diapositivas. En realidad, es mucho más simple: estrategia no es otra cosa que el plan que explica cómo pasar del punto A al punto B. Hoy la empresa está en un lugar, mañana quiere estar en otro, y la estrategia son los pasos que marcan ese recorrido.

Dicho de otra forma: la estrategia es la traducción en planes, objetivos y acciones de lo que una organización quiere ser en el futuro. Ese futuro, hace unas décadas, podía imaginarse a cinco o diez años. Hoy, muy pocas empresas se atreven a planificar más allá de tres. El mundo cambia demasiado rápido como para proyectar certezas a largo plazo.

En teoría, la estrategia se define en los consejos de administración. En la práctica, eso ocurre en muy pocas organizaciones. Muchas ni siquiera tienen un consejo formal, y en la mayoría son los equipos de dirección quienes formulan el rumbo, lo validan con el CEO y lo presentan al consejo para su aprobación.

Y si bajamos un escalón más, la realidad es todavía más contundente: la mayoría de las empresas no hacen un ejercicio estratégico serio. Se dejan llevar, reaccionan a lo urgente y sobreviven apagando fuegos. No hay plan, hay improvisación.

Esa es la diferencia clave.

- Una empresa con estrategia sabe adónde va y, lo que es igual de importante, sabe adónde no va.

- Una empresa sin estrategia avanza, sí, pero como un barco sin brújula: depende de las corrientes. Puede sobrevivir un tiempo, pero no construye futuro.

> El cumplimiento de la estrategia es lo que debería garantizar que la empresa crezca y se sostenga. Y de ahí se derivan los grandes proyectos de transformación, los llamados proyectos estratégicos. Son los que mueven la organización hacia adelante, los que exigen colaboración transversal y los que marcan la diferencia entre mantener la inercia o evolucionar.

Estos proyectos se formulan de distintas maneras. A veces adoptan la forma de OKRs (objetivos y resultados clave). Otras veces se expresan como iniciativas prioritarias sin tanto formalismo. El formato importa poco. Lo importante es que cumplen un rol crítico: convierten la estrategia en acción.

Porque aquí está la trampa más común: confundir tener un Power Point con tener una estrategia. La estrategia no es lo que se presenta en una sala, sino lo que orienta cada decisión, cada inversión y cada proyecto. Es lo que diferencia a una organización que reacciona del día a día de otra que construye un futuro con sentido.

EQUIPOS ESTRATÉGICOS: DE LA TEORÍA AL MOVIMIENTO

Una estrategia no se cumple sola. Se cumple a través de proyectos, y esos proyectos no los llevan adelante los organigramas ni las jerarquías, sino equipos transversales. Porque, como vimos, muy pocos proyectos estratégicos pertenecen solo a un área. Si un proyecto se limita a una única área, lo más probable es que sea de mejora. Será útil, generará eficiencia, pero no es estratégico.

Un proyecto estratégico, por definición, atraviesa áreas, conecta funciones y obliga a salir del silo. Y ahí aparece la necesidad de crear equipos transversales: grupos pequeños, con autonomía y propósito claro, capaces de trabajar más allá de la lógica del organigrama.

La experiencia de la agilidad nos da una pista muy valiosa. Un equipo demasiado grande se convierte en asamblea; uno demasiado pequeño carece de diversidad. Por eso, los equipos ágiles suelen situarse entre cinco y ocho personas: el número suficiente para tener puntos de vista distintos y la masa crítica necesaria para ejecutar, pero lo bastante reducido para mantener la coordinación, la confianza y las conversaciones fluidas. Cuando el equipo crece más allá de ese rango, las interacciones se multiplican, los costes de coordinación se disparan y la energía se diluye. Está más que estudiado.

> Cada proyecto estratégico debería concebirse así: como un equipo ágil en miniatura. Un grupo reducido de personas de distintas áreas, con un propósito claro conectado con la estrategia general, con autonomía para tomar decisiones rápidas dentro de un marco definido, con un liderazgo que desbloquea en lugar de controlar, y con métricas visibles que muestren avances y alimenten la energía del grupo.

Cuando un reto exige colaboración transversal, lo único que funciona es un equipo pequeño, enfocado y protegido del ruido. Si dejamos que el proyecto se diluya en la burocracia de cada silo, lo normal es que muera de lentitud.

En la práctica, esto implica cambiar el chip:

- El organigrama explica quién manda sobre quién.

- El equipo estratégico explica quién trabaja con quién.

Y un último punto es fundamental. Estos equipos estratégicos no pueden funcionar si el tiempo que dedican depende de los "huecos" que les deja la rutina. Como ya vimos en el capítulo 3, el tiempo es la moneda real de la organización: lo que recibe horas existe, lo que no recibe horas muere.

¿Recordáis el ejemplo que poníamos del 25/75? Es una solución híbrida para esta transición: dedicar un porcentaje del tiempo a las tareas del área, del silo, y reservar otro porcentaje a proyectos estratégicos. Ese bloque protegido cambia la dinámica: los proyectos dejan de ser favores, se convierten en compromisos reales y avanzan con la misma legitimidad que cualquier otra prioridad.

El impacto en la organización es enorme. Primero, porque legitima la estrategia: ya no compite con lo urgente, sino que tiene su propio espacio en la agenda. Segundo, porque reduce la tensión entre áreas: nadie siente que "presta" recursos, sino que forma parte de un compromiso compartido. Y tercero, porque cambia la cultura: la estrategia deja de ser algo lejano, reservado a las cúpulas, y se convierte en parte del trabajo cotidiano de las personas.

Y ahora imagina sumarle a ese modelo de tiempo protegido un incentivo salarial ligado a la participación en proyectos estratégicos, como comentábamos en el capítulo anterior. El efecto se multiplica: las personas no solo saben que tienen horas asignadas, sino que también perciben que su esfuerzo transversal tiene el mismo reconocimiento que su desempeño en el área. Deja de ser un extra invisible y pasa a ser un motor visible del progreso de la empresa.

En resumen, si queremos que los equipos estratégicos tengan impacto, no basta con crearlos. Hay que darles tiempo y reconocerlos. Porque solo cuando la agenda y los incentivos lo respaldan, la estrategia pasa de ser un PowerPoint a convertirse en movimiento real.

AUTONOMÍA CON MARCO, NO DEMOCRACIA

Pocas palabras se repiten tanto en la gestión moderna como "autonomía". Y, al mismo tiempo, pocas se malinterpretan tanto. A menudo se confunde con libertad absoluta, como si cada equipo o cada persona pudiera hacer lo que quisiera. Pero eso no es autonomía, es dispersión.

> La autonomía real no significa que todo se decida por votación ni que la empresa funcione como una democracia asamblearia. Significa que cada equipo puede tomar decisiones rápidas y relevantes dentro de un marco estratégico definido. Ese matiz lo cambia todo.

Un ejemplo sencillo: imagina una empresa de retail que decide apostar por el crecimiento del e-commerce. Ese es el rumbo. Dentro de ese marco, los equipos de marketing, logística, IT o atención al cliente tienen autonomía para proponer, ejecutar y ajustar iniciativas. Lo que no puede suceder es que un área entera decida no acompañar y dedicar sus recursos a otra cosa porque no comparte la prioridad. Y esto sucede. Cuando cada uno hace la guerra por su cuenta y convierte la autonomía en un freno en lugar de un motor.

El riesgo de una autonomía mal entendida es evidente: los equipos tiran en direcciones distintas, los ritmos se desajustan y las decisiones locales terminan contradiciendo el rumbo global. El resultado no es autonomía, es desorden.

Por eso, cuanto más grande es una empresa, más necesita marcos claros. En organizaciones pequeñas, la autonomía puede funcionar de manera casi natural: todos se conocen, las decisiones se toman rápido y los ajustes son inmediatos. Pero en empresas grandes, donde los equipos se cuentan por cientos o miles, la autonomía solo funciona si existe una brújula clara desde arriba y sistemas de organización que aseguren coherencia: reglas compartidas, prioridades alineadas y mecanismos de coordinación que eviten que cada equipo se convierta en una isla.

En resumen, la autonomía es un aprendizaje colectivo. Funciona cuando las personas entienden los límites, comparten el propósito y confían en que sus decisiones se alinean con un rumbo mayor. Esa es la responsabilidad de quienes marcan la estrategia: ofrecer un marco lo bastante firme para sostener el movimiento y lo bastante flexible para que cada equipo aporte lo mejor de sí.

COMUNICAR LA ESTRATEGIA: DE PICAR PIEDRA A CONSTRUIR CATEDRALES

Hemos visto que la autonomía solo funciona dentro de un marco. Pero ese marco no sirve de nada si no se comunica. Una estrategia que no se explica no existe. O, peor aún, existe solo en la cabeza de unos pocos, mientras el resto de la organización sigue haciendo cada uno lo suyo.

Cuando cada departamento se limita a mirar su parcela,
lo que hace es picar piedra. Puede ser útil en el corto plazo,
pero nadie entiende hacia dónde va el edificio.
En cambio, cuando los equipos comprenden
cómo su trabajo encaja en el proyecto común y cómo impacta
en la estrategia, entonces están construyendo una catedral.
La diferencia no está en la tarea, sino en la visibilidad
del propósito.

Lo que suele suceder en muchas empresas —en aquellas con conciencia y voluntad— es que organizan un evento anual para comunicar la estrategia. Se prepara la presentación, se repasan los logros, se marcan los retos del año siguiente. Es un buen gesto, necesario, pero no es suficiente. Una sola comunicación anual se diluye rápido; al cabo de unos meses, cada área vuelve a lo suyo y la estrategia desaparece del día a día.

Por eso, una buena estrategia exige una buena comunicación. No como un evento aislado ni como un discurso solemne, sino como un hábito. Constante, marcada en el tiempo, inquebrantable. La estrategia se convierte en cultura cuando la comunicación es tan estable como un latido: regular, repetida, reconocible.

Las grandes organizaciones entendieron hace tiempo que no basta con delegar la comunicación a los mandos intermedios. Cada capa añade interpretación, sesgo o confusión: el famoso "teléfono roto". Por eso la comunicación estratégica debe buscar llegar al máximo de personas de forma directa y clara, sin filtros.

Durante años, **Google** celebró encuentros semanales conocidos como *TGIF* (*Thanks god it's friday*), espacios abiertos donde la dirección compartía información y cualquier persona podía preguntar sin filtros. Se mantuvieron incluso cuando la empresa ya era grande y compleja, y durante mucho tiempo fueron una pieza central de su cultura.

Con el aumento de la exposición pública y la sensibilidad de la información, ese formato empezó a tensionarse. El riesgo de filtraciones creció y Google fue reduciendo y ajustando el espacio. No desapareció de golpe, pero dejó de ser lo que había sido. No fue una renuncia a la transparencia, sino una adaptación al contexto.

Pero no todo el mundo es **Google**. La mayoría de empresas no operan bajo ese nivel de escrutinio ni gestionan información tan crítica. Y, aun así, bajo mi punto de vista, el planteamiento de los *TGIF* me parece magistral. Porque abre espacios reales de conversación y alinea de forma regular a la organización con lo que está ocurriendo, algo especialmente valioso en entornos donde todo cambia rápido.

El formato importa menos que la disciplina. Lo que marca la diferencia es que la comunicación sea un compromiso explícito, sostenido en el tiempo y no sujeto a vaivenes. La estrategia puede ajustarse; la comunicación, no. Tiene que ser constante, casi ritual, porque de lo contrario el rumbo se diluye y la organización pierde cohesión.

> Comunicar la estrategia es como dirigir una orquesta.
> Cada instrumento puede ser virtuoso por separado,
> cada músico puede improvisar y aportar matices,
> pero la partitura debe ser común. Si cada sección tocara una
> melodía distinta, lo que saldría no sería música, sino ruido.
> La estrategia cumple ese papel: la partitura que asegura que
> cada nota individual suma a una sinfonía compartida.

La comunicación, entonces, no es un añadido, es el metrónomo. Es lo que marca el ritmo, lo que mantiene a todos sincronizados, lo que impide que la orquesta se descomponga en improvisaciones desordenadas. Puedes tener a los mejores músicos, pero sin partitura y sin dirección, jamás tendrás una sinfonía.

LÍDERES QUE NO CEDEN LO ESTRATÉGICO

Mucho se ha hablado de las empresas planas, con equipos autónomos y culturas horizontales. Pero si miramos de cerca a las compañías que mejor representan ese modelo, siempre aparece la misma constante: detrás de esa autonomía hay líderes con personalidades muy marcadas que no ceden lo estratégico.

Apple es un ejemplo evidente. Se habla de la creatividad colectiva, del talento de sus equipos de diseño y de ingeniería. Y es cierto: en Apple floreció la autonomía en muchos niveles. Pero al mismo tiempo, Steve Jobs no negociaba la visión. No había democracia en lo fundamental: la simplicidad extrema de los productos, la experiencia de usuario impecable, el diseño como seña de identidad. Jobs podía tolerar debate en la ejecución, pero jamás en la dirección estratégica. Esa tensión fue la que permitió que la autonomía brillara sin perder rumbo.

En Tesla y SpaceX, Elon Musk lleva esta tensión al extremo. Nadie diría que en esas empresas falta autonomía: los equipos trabajan con niveles brutales de autoexigencia y creatividad, enfrentándose a retos que cambian día a día. Pero al mismo tiempo, hay una dirección innegociable marcada por Musk: acelerar la transición hacia la energía sostenible, colonizar Marte, hacer posible lo que parece imposible. Sus estilos de comunicación pueden ser polémicos, pero lo que no deja dudas es que la estrategia no está en debate. La autonomía existe, pero siempre subordinada a una visión que no se cuestiona.

En Amazon, Jeff Bezos impulsó desde el inicio una cultura de equipos pequeños y autónomos —los famosos *two-pizza teams*—, que podían avanzar rápido y con mucha independencia. Pero esa autonomía convivía con principios grabados a fuego: obsesión por el cliente, visión a largo plazo, disposición a invertir en lo incierto, frugalidad. Ningún equipo podía cuestionar esos fundamentos. Eran el marco estratégico que Bezos defendía con una claridad inquebrantable. Y cuando había desacuerdos, aplicaba una regla simple: "disagree and commit". Podías no estar de acuerdo con la decisión, pero una vez tomada, tu obligación era comprometerte al cien por cien. Ese compromiso colectivo era lo que permitía que la autonomía no se transformara en caos.

La paradoja es clara: cuanto más plana parece una organización, más firme suele ser la mano que marca el rumbo. Autonomía y dirección no se contradicen; se necesitan. Sin líderes que protejan lo innegociable, la autonomía se dispersa y se convierte en caos. Con líderes demasiado controladores, la autonomía muere antes de empezar.

> Las empresas que brillan son las que encuentran ese equilibrio: libertad para decidir cómo llegar, pero no para decidir a dónde ir. En ellas, la autonomía florece precisamente porque la estrategia no se discute.

DIRECCIÓN CON PROPÓSITO

El siglo XX nos enseñó a controlar lo conocido; el XXI nos invita a dirigir lo desconocido. Y dirigir significa algo más que trazar un plan: significa dar dirección y sentido.

- **Dirección, porque marca el rumbo.** Porque en medio de la incertidumbre, lo que más paraliza no es la complejidad, sino no saber hacia dónde ir.

- **Sentido, porque conecta cada acción con un propósito mayor.** Porque no se trata de picar piedra, sino de construir catedrales.

Una estrategia clara, comunicada y compartida cumple esa doble función. Evita que la libertad se convierta en libertinaje. Da autonomía, pero dentro de un marco que asegura coherencia. Ofrece un marco que da confianza a las personas y a los equipos: saben que su independencia tiene un norte, que sus decisiones suman a un propósito común, que el esfuerzo diario no se pierde en la dispersión. Esa confianza es hoy el mayor activo que puede tener una organización.

El siglo XX nos enseñó a gestionar la ejecución de lo conocido.
El XXI nos pide aprender a adaptarnos a lo desconocido.
Y para eso no basta con control: se necesita agilidad.
Agilidad para ajustar rápido, para experimentar,
para aprender y corregir sin perder el rumbo.
Esa es la verdadera tarea de la estrategia:
no solo ayudarnos a llegar más lejos, sino recordarnos
por qué vale la pena el viaje.

Capítulo 10
LA RENUNCIA

Renunciar no es rendirse.
Es dejar de pagar un precio que ya no compensa.

Canción:
The pot de Tool

"Who are you to wave your finger?"
"You must have been out your head"

1. LA RENUNCIA AL PUESTO DE TRABAJO

Durante décadas, la explicación más habitual para una renuncia era sencilla: el dinero. Quien encontraba una oferta mejor, se iba. El resto eran matices.

Y junto al salario, siempre ha estado coleando otro argumento recurrente: la culpa es del jefe. Se suele decir que la gente no deja empresas, deja jefes. Y aunque no siempre sea así, es cierto. Todos hemos visto cómo un mal manager puede empujar a alguien a marcharse antes de tiempo. Yo tampoco lo descartaría nunca: el liderazgo sigue siendo un factor de peso.

Lo que ocurre es que, tras la pandemia, la ecuación se ha movido. El salario y el jefe siguen en la lista, pero ya no son los únicos protagonistas. El elemento que ha ganado más fuerza que nunca es la conciliación.

La pandemia abrió una puerta que no se cerrará del todo: millones de personas descubrieron que podían trabajar desde casa, organizar sus horarios y recuperar tiempo para su vida personal. Lo que parecía un privilegio de unos pocos se convirtió en norma durante meses. Y esa experiencia cambió las prioridades.

Los datos lo confirman: Gallup y Deloitte coinciden en que entre el 50% y el 60% de los trabajadores considerarían cambiar de empleo si encontraran una alternativa que les ofreciera mejor equilibrio entre vida profesional y personal.

El salario sigue importando, el jefe sigue importando, pero ya no lo explican todo. Hoy, la moneda que pesa más en la balanza se llama tiempo, tiempo para vivir.

Del control del trabajador al control del trabajo

El gran choque después de la pandemia no ha sido tecnológico, sino cultural. Las personas probaron la flexibilidad y no quieren perderla. Pero muchas empresas siguen atrapadas en un reflejo viejo: si no veo al trabajador en su mesa, no sé si está trabajando.

Ese reflejo podía tener cierto sentido en tareas rutinarias, donde lo importante era cumplir un horario y repetir un proceso sin desviarse. Pero en la mayoría de empleos actuales —comerciales, ingenieros, analistas, consultores, diseñadores—, presencia no equivale a productividad. Estar ocho horas conectado no garantiza nada si al final del día no hay resultados.

Aquí aparece el error de fondo: se intenta controlar al trabajador cuando lo que debería controlarse es el trabajo.

- Controlar al trabajador es contar horas, vigilar pantallas, exigir reportes y multiplicar reuniones.

- Controlar el trabajo es definir objetivos claros, acordar entregables, medir avances reales y dar autonomía para lograrlos.

Muchas compañías que han dado marcha atrás con el teletrabajo no lo han hecho por capricho, sino por incapacidad de controlar el trabajo. Como no tienen sistemas ni métricas que midan valor entregado, recurren al método más primitivo: obligar a que todos estén presentes.

El resultado es un círculo vicioso:

1. La empresa fuerza la presencialidad para "asegurar control".

2. Los empleados lo perciben como desconfianza y pierden motivación.

3. Esa desmotivación reduce resultados, lo que refuerza la obsesión por controlar más.

Y así se repite el ciclo, cada vez más caro para la organización.

El futuro pasa justo por lo contrario: aprender a medir el trabajo sin importar dónde se realiza. Cuando el control se centra en los resultados, la confianza deja de ser un acto de fe y se convierte en la consecuencia natural de los datos.

Teletrabajo: confianza vs. datos

El teletrabajo se vendió durante la pandemia como una cuestión de confianza. Si el CEO confiaba en su equipo, podían trabajar desde casa; si no, todos de vuelta a la oficina.

Pero esa visión es ingenua y peligrosa.

Porque la confianza, cuando no se apoya en datos, es un arma de doble filo.

- Para algunos trabajadores, la confianza se traduce en autonomía real: se organizan mejor, producen más y logran un equilibrio vital más sano.

- Para otros, se convierte en un cheque en blanco. Porque todos sabemos que no todos los trabajadores son trabajadores, igual que no todos los hombres son buenos. Siempre habrá una minoría que abuse, que entregue menos de lo que debería o que directamente se escaquee.

Quienes hemos estado al otro lado de la mesa en un departamento de personas lo sabemos bien. Tarde o temprano, esos problemas acaban llegando: directivos que detectan abusos, mandos que pierden la confianza y empresas enteras que terminan dando pasos atrás por culpa de unos pocos.

El problema es que esa minoría arrastra la percepción sobre el resto. Basta con que un jefe sorprenda a alguien fuera de lugar en un día de teletrabajo —bajando a comprar en horario laboral o alargando una pausa más de la cuenta— para que la desconfianza se instale. Y sin métricas objetivas que prueben resultados, los buenos terminan pagando por los malos.

La salida no es volver atrás, sino cambiar el marco. El teletrabajo no puede sostenerse en la fe ciega, sino en la medición del valor entregado. Eso significa:

- Definir compromisos claros por semana o por sprint.

- Medir entregables, no horas conectadas.

- Revisar avances con datos visibles y cadencias cortas.

Cuando existe este marco, la confianza deja de ser un salto de fe y se convierte en la consecuencia natural de ver resultados. Tú entrega resultados y te gestionas como quieras. Solo entonces el teletrabajo funciona y se legitima por sí mismo. Desde dónde se hacen las cosas deja de ser lo importante; lo importante es que se hagan en el tiempo acordado.

Y si hay alguien con bajo desempeño que no está a la altura de esa confianza, no pasa nada: trabajo 100% presencial, sin más.

No es una sanción, es coherencia. Porque no hay nada más desigual que tratar por igual a los desiguales.

Ahora bien, esa misma confianza también tiene otro filo. Lo que nace de la responsabilidad termina generando el efecto contrario. Los trabajadores más comprometidos sienten que deben demostrar constantemente su dedicación. Alargan horarios, responden mensajes a deshoras, buscan estar siempre disponibles. Y ese sobreesfuerzo, lejos de ser un signo de compromiso saludable, acaba convirtiéndose en desgaste y estrés crónico.

El péndulo de la presencialidad

En 2020, el teletrabajo irrumpió como el estándar de facto. Durante meses, trabajar desde casa fue la norma y no la excepción. Muchos gurús proclamaron entonces que había llegado "para quedarse". Sin embargo, apenas un par de años después, asistimos al movimiento contrario: grandes compañías reclamando el regreso a la oficina, algunas incluso de forma obligatoria.

El péndulo se movió de un extremo a otro en cuestión de muy poco tiempo. De la oficina a casa, y de casa de nuevo a la oficina. Y en medio, millones de trabajadores desconcertados, que lo que quieren no es un dogma, sino claridad y equilibrio.

Las empresas que han exigido un retorno total suelen justificarlo con tres grandes motivos:

1. **La coordinación:** aseguran que la colaboración se resiente si no se comparte espacio físico.

2. **La cultura:** temen que la identidad de la organización se diluya sin la convivencia diaria.

3. **El control:** buscan tener de nuevo a la gente "a la vista", como garantía de trabajo cumplido.

En la práctica, estas razones se mezclan con una dificultad de fondo: no haber aprendido a gestionar equipos a distancia. En muchas organizaciones, la vuelta a la oficina no es una estrategia, sino un síntoma de incapacidad.

El péndulo, sin embargo, no puede quedarse oscilando eternamente entre extremos. Ni todo teletrabajo ni todo presencial. Lo que parece imponerse es un modelo híbrido, pero no entendido como un compromiso vago, sino como un diseño consciente. Se trata de decidir qué actividades necesitan interacción cara a cara, cuáles se resuelven mejor en remoto y en qué momentos conviene reservar espacios de concentración individual sin interrupciones.

El reto no es elegir entre blanco o negro, sino diseñar un gris que tenga sentido.

Señales tempranas de renuncia

Las renuncias no empiezan el día en que alguien entrega la carta. Empiezan mucho antes, casi siempre de manera silenciosa. Detectarlas a tiempo no es un arte, sino cuestión de prestar atención a una serie de señales que se repiten una y otra vez.

Una de las más visibles es el interés por lo que hay fuera. Se nota cuando alguien, tras años de pasividad, actualiza su perfil en LinkedIn, empieza a moverse más en redes profesionales y atiende mensajes de reclutadores. No lo dicen explícitamente, pero la antena ya está puesta en otro sitio.

También se refleja en la rotación de roles clave. Cuando en un mismo departamento se marchan varias personas en poco tiempo, no es casualidad. Es síntoma de tensión en valores, en el modelo de gestión, en la retribución o en el liderazgo, que acaba empujando a la gente hacia la salida.

Y luego están las pequeñas señales del día a día. Personas que antes eran activas empiezan a callarse en reuniones. Proyectos que solían empujar con entusiasmo se reducen a entregas mínimas. Tareas sencillas que antes fluían se alargan sin motivo. La puntualidad se relaja, las ausencias se acumulan, los errores aumentan. En las conversaciones se percibe apatía, falta de interés y más tensión. No son grandes explosiones, sino un goteo de detalles que, puestos en conjunto, cuentan una historia: alguien ya está en proceso de marcharse, aunque todavía no lo diga en voz alta.

La clave es entender que la renuncia externa se cocina en silencio. Lo visible —la carta, la despedida, la vacante— es solo la última escena de una película que lleva meses desarrollándose.

Más allá de la renuncia

Las renuncias forman parte de la vida de cualquier organización. Pretender que nadie se marche nunca es una quimera. Bajo mi punto de vista, lo ideal sería que todos pasáramos cinco o seis años en una empresa y después nos moviéramos a otra. En cada etapa aprenderíamos, llevaríamos ese aprendizaje al nuevo destino y seguiríamos creciendo nosotros y la organización que nos recibiera. Es como viajar: es cultura, es crecimiento.

Al mismo tiempo, también es positivo que haya personas que trabajen toda la vida en una misma compañía. Ellos son quienes ayudan a mantener la cultura y los valores que hicieron crecer a esa organización. Esa mezcla —movilidad y permanencia— es la que da solidez y dinamismo a una empresa.

Lo que sí ha cambiado de forma irreversible es el paradigma del tiempo. El salario sigue importando, pero cada vez pesa más la manera en que las empresas respetan —o no respetan— el tiempo de las personas. No se trata de implantar grandes políticas, sino de algo más básico: reconocer que el tiempo es finito, que no se recupera y que es la moneda más valiosa que tiene un profesional.

Que la gente se marche no siempre es un fracaso. A veces libera a la persona para buscar un lugar mejor y obliga a la empresa a revisar lo que no estaba funcionando. También puede ser la oportunidad de traer a alguien que aporte sangre fresca, nuevas metodologías e ilusión. El verdadero problema no es que alguien se vaya porque ha cerrado un ciclo vital, sino que lo haga por motivos que sí podían haberse evitado.

2. LA RENUNCIA EMOCIONAL: ME QUEDO, PERO YA NO ESTOY

Qué es y qué no es

No todas las renuncias se expresan con una carta encima de la mesa. Existe otra forma, más silenciosa y a menudo más dañina: la renuncia emocional. Es la del empleado que sigue en la empresa, pero que en realidad ya no está. Cumple horarios, asiste a reuniones, entrega lo justo... pero la energía, la ilusión y el compromiso ya se han ido.

Conviene distinguirla de otros fenómenos parecidos. No es absentismo: en el absentismo la persona no está físicamente presente, aquí sí lo está. Tampoco es exactamente lo mismo que el "quiet quitting", esa moda anglosajona que describe al que solo cumple con la letra del contrato y nada más. La renuncia emocional es más profunda: es una desconexión interior que convierte cada jornada en un trámite.

El trabajador renunciante no se va, pero tampoco aporta lo que podría. Se queda atrapado en un punto intermedio, sin la valentía para marcharse ni la motivación para implicarse. Y ese punto muerto, invisible en los indicadores oficiales, se convierte en un lastre silencioso para equipos y proyectos.

Causas raíz

Nadie se levanta un día diciendo: "Hoy voy a renunciar emocionalmente". Este tipo de abandono interior suele ser el resultado de un desgaste acumulado. Un goteo de experiencias que, con el tiempo, va vaciando la motivación hasta dejarla en mínimos.

De hecho, muchos de esos motivos ya los hemos visto a lo largo de este libro: el estrés, la falta de tiempo para vivir, la presión del salario y la equidad, un mal jefe, un trabajo que no realiza, la incomprensión de los compañeros o la sensación de que nada tiene sentido. No hay una única causa, sino una combinación que varía según la persona y el contexto. A veces basta con una; otras, es la suma de muchas.

La renuncia emocional, en realidad, no nace de un único factor. Es la acumulación de pequeñas grietas que, poco a poco, rompen el vínculo entre la persona y su trabajo. Y aquí entra un matiz clave: las personas interpretamos el entorno de manera distinta. Lo que para uno es un reto estimulante, para otro puede ser un peso insoportable. La percepción nunca es objetiva, y esa diferencia explica por qué dos empleados, viviendo la misma situación, llegan a conclusiones opuestas.

El coste oculto

La renuncia emocional es, en muchos casos, más peligrosa que la externa. Cuando alguien se marcha, la empresa pierde a un profesional, pero al menos sabe a qué se enfrenta: una vacante que cubrir, un proceso de selección, un relevo que planificar. Es doloroso, sí, pero también claro y gestionable.

En cambio, cuando alguien se queda sin ganas, el daño es silencioso. No hay carta de renuncia, no hay vacante que abrir, no hay alarma inmediata. Lo que hay es un asiento ocupado por alguien que ya no está, y ese vacío pesa mucho más de lo que parece. En realidad, es casi peor que se quede.

Porque el coste se multiplica en varias direcciones. En la productividad, porque las tareas se hacen al mínimo, se retrasan o se repiten por errores. En el clima, porque la apatía es contagiosa y arrastra al resto del equipo. En la reputación del liderazgo, porque cuando demasiada gente desconecta, el mensaje implícito es que los jefes no saben motivar ni dar sentido. Y sobre todo, quien lo paga es el cliente, porque tarde o temprano esa desidia se nota en la calidad del producto o del servicio.

El problema es que nada de esto suele reflejarse en un dashboard de gestión. No aparece como rotación, ni como absentismo, ni como un gasto concreto en la cuenta de resultados. Es un coste invisible que erosiona lentamente desde dentro.

¿Y por qué no se van?

La gran pregunta es esta: si alguien ya ha renunciado por dentro, si está quemado, si aporta lo mínimo... ¿por qué no se va?

La respuesta, en la mayoría de los casos, es sencilla y dura: por **miedo.**

Miedo a no encontrar otro trabajo igual, a dar un salto y descubrir que fuera no se vale lo suficiente, a perder la seguridad de un salario fijo y la inestabilidad económica, o incluso afrontar la dificultad de empezar de cero en otro sitio con nuevas personas.

Todos lo hemos visto en numerosas ocasiones: gente infeliz que arrastra su malestar día tras día, pero que no se atreve a dar el paso. Yo no acabo de entenderlo del todo, porque quedarse en un lugar que te amarga debería ser más insoportable que lanzarse a lo nuevo. Nadie muere por cambiar de trabajo. Pero ocurre, y mucho.

Además, hay un punto de no retorno. Una línea roja que, una vez cruzada, hace imposible recuperar a esa persona. Es el territorio del burnout total, cuando el desgaste es tan profundo que ni un cambio de jefe, ni un aumento, ni un nuevo proyecto logran reenganchar. En esos casos, lo más sano para todos es llegar a un acuerdo y facilitar que busque otro camino. Para la persona, porque necesita empezar de cero. Para la organización, porque el resto del equipo no puede arrastrar a alguien que ya no quiere remar.

Es un tema sensible, pero hay que decirlo claro: cuando se pone por delante al equipo sobre el individuo, la decisión correcta es no mantener a alguien que ya no quiere estar. Igual que en un comando militar. No te jugarías la vida con un compañero en quien no confías, en la empresa tampoco tiene sentido sostener a alguien que ha renunciado ya completamente por dentro.

Puede parecer poco humano, pero en realidad es lo más humano. Porque vivir en un estado de amargura va matando poco a poco; es solo cuestión de tiempo. En cambio, fuera, al otro lado del miedo, siempre hay una oportunidad: la de volver a crecer, de recuperar las ganas, de encontrar un sitio donde volver a vivir.

La renuncia emocional no es un destino inevitable.

Es un aviso. Un recordatorio de que las personas no dejamos los trabajos de un día para otro, sino que nos vamos desconectando poco a poco. Escuchar esas señales a tiempo y actuar con sentido común puede marcar la diferencia entre perder a alguien para siempre o recuperarlo antes de cruzar esa línea roja.

3. LA RENUNCIA PERSONAL

El dilema inevitable

La tercera renuncia no tiene que ver con un jefe, ni con el salario, ni con el teletrabajo. Tiene que ver con algo mucho más íntimo: elegir entre la vida personal y la vida profesional.

No es un dilema opcional. Tarde o temprano aparece. Puede llegar en forma de largas jornadas que te impiden ver a tus hijos, de viajes constantes que te alejan de tu pareja, de un calendario que siempre pone a la empresa por delante de todo lo demás. Y llega en el peor momento posible: justo cuando más quieres estar presente en tu vida personal, es cuando más te exige tu vida profesional.

A lo largo de los años, he hablado con muchos directivos y empresarios de éxito. A todos les he hecho la misma pregunta: "¿A qué has tenido que renunciar para llegar hasta aquí?". Y la respuesta, casi sin excepción, ha sido la misma: "A mi familia". Es un tema incómodo, porque nadie quiere decir en voz alta que para alcanzar sus metas profesionales tuvo que pagar ese precio. Pero es real, y silenciarlo no lo hace menos cierto.

El problema no es si el dilema llegará, sino cuándo lo hará y cómo elegiremos afrontarlo cada uno.

La etapa vital

Lo más cruel de este dilema es que no aparece en un momento cualquiera de la vida, sino justo cuando las piezas más importantes coinciden en el tablero.

La mayoría de las carreras profesionales marcan su punto de mayor exigencia entre los treinta y los cuarenta años. Son los años en los que se definen ascensos, se abren oportunidades clave, se mide quién está dispuesto a dar más. Es la etapa en la que "si no corres, otro correrá en tu lugar".

Y, al mismo tiempo, es la etapa en la que muchas personas quieren formar una familia. Criar hijos, estar presentes, construir una vida personal sólida. El problema es que el sistema no está diseñado para que ambas cosas sucedan a la vez. Si alguien se toma tres años de pausa para cuidar, otro ocupará su lugar en la carrera. Y recuperar ese terreno después resulta casi imposible.

Es como competir en una Olimpiada: si dejas de entrenar uno o dos años, vuelves con desventaja frente a quienes nunca se detuvieron. Y esa presión constante hace que muchos, aun sabiendo lo que se pierden en lo personal, elijan seguir corriendo para no quedarse atrás.

Este choque entre el pico de la vida profesional y el pico de la vida personal es uno de los grandes temas invisibles de las organizaciones modernas. No se habla de él en manuales de management ni en discursos corporativos, pero atraviesa en silencio las decisiones más íntimas de miles de profesionales.

La decisión consciente

Ante este dilema no existe una respuesta universal. No hay un camino correcto que sirva para todos. Lo que sí existe es la necesidad de tomar una decisión consciente.

He visto a personas elegir claramente la vida profesional y dedicar la mayor parte de su energía a crecer, ascender y ocupar posiciones de responsabilidad. Han llegado muy lejos, han ganado mucho dinero y se han convertido en grandes ejecutivos o empresarios. También he visto a otras priorizar la vida personal y poner límites muy claros al trabajo, aunque eso significara renunciar a ascensos o a más salario. Y han sido igualmente felices con su vida. Ambas opciones son válidas, porque lo importante no es la elección en sí, sino que sea consciente.

Lo importante es entender que este dilema va más allá de discursos modernos o debates de género. Hombres y mujeres debemos de decidir. Es, ante todo, una cuestión de lo que cada uno quiere para su vida.

Lo que no suele funcionar es quedarse atrapado en el medio: ni entregarlo todo al trabajo ni estar presente de verdad en lo personal. Ese terreno de nadie no da frutos en ninguna de las dos dimensiones y genera una frustración crónica.

Yo mismo hice mi elección en su día. Aposté por lo profesional y, aunque me dio mucho, todavía me pregunto si fue la mejor decisión. Nadie, en su lecho de muerte dice "ojalá hubiera trabajado más". Pero lo cierto es que, en el mundo de la empresa, la competencia es feroz y siempre habrá alguien dispuesto a ocupar tu lugar si aflojas. Por muchas leyes que se redacten.

Lo esencial es haber tomado la decisión de forma
consciente, sabiendo lo que se gana y lo que se pierde.
Porque solo así, mirando atrás, uno puede sentir que,
aunque el precio fuera alto, fue el suyo y no el que
le impusieron las circunstancias.

Capítulo 11
DONDE TRABAJAR

No todos los lugares sirven para todos.
Elegir dónde trabajar es elegir dónde puedes ser tú.

Canción:
Whole Lotta Love de Led Zeppelin

"You need cooling
Baby, I'm not fooling"

CÓMO LLEGAMOS HASTA AQUÍ

Este libro no se ha escrito para describir un final perfecto. No hemos querido pintar la postal de "la organización maravillosa" donde todo encaja como en un anuncio televisivo. Lo que hemos hecho es recorrer el camino: abrir los silos, revisar cómo se lidera, qué hacemos con el talento, cómo se organiza el trabajo, qué papel juegan los datos, la motivación y la estrategia.

Transformar una organización no es un acto de magia. No ocurre de golpe. Es un proceso, hecho de pasos y decisiones. Una evolución. Y ese recorrido es el que nos ha traído hasta aquí.

El siglo XXI no puede obedecer a las reglas del siglo pasado. El entorno cambia demasiado rápido, la competencia se multiplica, los mercados son globales y, sobre todo, el talento es móvil. Y no se trata solo de jóvenes de veinte años: sino también de profesionales de 30, 40 o 50 que buscan escapar de trabajar en empresas rígidas, lentas, con un jefe supervisando cada movimiento.

Hoy la mayoría busca entornos con autonomía, agilidad y frescura. Lugares donde se trabaja por proyectos, con objetivos claros, en equipos que se mueven rápido. Y no hay comparación: esas organizaciones reaccionan mejor al mercado y, además, atraen más talento.

Por eso este capítulo es distinto.
Aquí no vamos a hablar de teorías,
sino de algo mucho más práctico:
cómo es un sitio donde la gente quiere trabajar.

Porque las claves que vamos a desgranar son, en realidad, las pautas para responder a los dos grandes retos de cualquier empresa: atraer profesionales y evitar la rotación constante.

Lo veremos en seis piezas muy concretas:

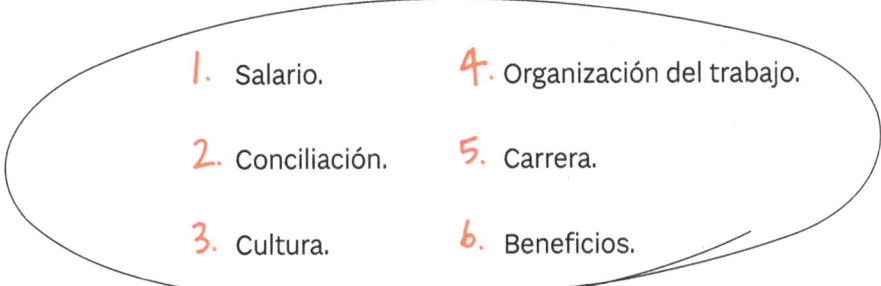

1. Salario.
2. Conciliación.
3. Cultura.
4. Organización del trabajo.
5. Carrera.
6. Beneficios.

Este es el marco que nos permite responder a la pregunta más simple y más decisiva de todas: ¿dónde quiere trabajar hoy la gente?

1. SALARIO: LA BASE QUE NUNCA DESAPARECE

Empecemos por lo evidente. Cuando alguien se plantea cambiar de empresa, el salario siempre está en la ecuación. No es lo único —y cada vez menos lo decisivo—, pero si falla, pesa más que nada.

Las empresas tenemos, en realidad, tres opciones:

1. Pagar por debajo del mercado

Es jugar con fuego. Puedes ahorrar costes un tiempo, pero tarde o temprano tus mejores profesionales se irán. El talento no se conforma con menos cuando sabe que puede conseguir más en otro sitio. Lo que queda suelen ser perfiles con bajo compromiso o bajo rendimiento, que no pueden o no se atreven a marcharse. Mala elección.

2. Pagar en mercado

Es la opción más habitual. Te permite competir por perfiles siempre que ofrezcas otras cosas: conciliación, cultura, carrera, organización del trabajo. Si pagas lo mismo que los demás, la diferencia no estará en la nómina, sino en todo lo que la acompaña. Hay que hacer una propuesta de valor mucho más completa.

3. Pagar por encima del mercado

Es la estrategia más potente, porque todos ajustamos nuestro nivel de vida a nuestros ingresos. Un sueldo alto crea una barrera de salida: marcharse duele más. De todas, la mejor elección, si te la puedes permitir. Ahora bien, también tiene su reverso: hace más difícil mover o dejar marchar a personas que ya no están aportando. Retener talento es bueno; retener desmotivados es un problema.

Aquí conviene introducir una distinción clave: retener no es lo mismo que fidelizar.

Retener significa poner barreras de salida, hacer más difícil que la gente se vaya. Es aquello que, cuando alguien vaya al mercado, le costará encontrar porque mi empresa lo ofrece y otras no. Ejemplos claros: el salario o la conciliación.

Fidelizar, en cambio, es otra cosa. Significa que la gente puede irse... pero no quiere.

Retener sostiene; fidelizar impulsa. El futuro de las organizaciones dependerá de equilibrar ambas.

Además, importa no solo cuánto se paga, sino cómo se distribuye: premiar al 10% que más aporta, sostener al 80% que mantiene el día a día y decidir qué hacer con el 10% que no cumple.

Y el salario no es solo el sueldo fijo. Cada vez más empresas entienden que los trabajadores deben ser partícipes de los resultados. Si la compañía gana, todos ganan. Y aquí entran distintas fórmulas:

Bonus, stock options y phantom shares

Bonus

Es la fórmula más extendida. Puede ser individual, de equipo o de toda la compañía. La clave es que esté conectado con los objetivos financieros (EBITDA, EBT) y sea **autofinanciable**: que se pague con valor adicional generado (ahorros, eficiencia, crecimiento). Así se asegura que todos remen en la misma dirección. Y si además se liga a proyectos transversales, el efecto es doble: la gente no solo piensa en su área, sino en el impacto global de la organización.

Acciones

En muchas tecnológicas es habitual que parte del salario se pague en acciones de la propia empresa. Esto convierte al trabajador en propietario: si la compañía crece, él gana directamente. El efecto es doble: fideliza y alinea intereses. Ya no es sentir la empresa como suya: es suya. Potentísimo.

Phantom shares

Para quienes no pueden o no quieren repartir acciones reales, existe esta fórmula intermedia. Simula que el empleado tiene acciones, pero sin entregarlas de verdad. Cuando la compañía aumenta de valor, recibe un pago equivalente al que habría obtenido como socio. Es una herramienta muy útil para captar talento en empresas en crecimiento, ofreciendo menos fijo a cambio de recompensas futuras.

Silicon Valley lo entendió hace décadas: muchas startups atraen talento con promesas de futuro (acciones, stock options, phantom shares). "Construye conmigo, y si esto triunfa, nos haremos ricos juntos." Puede parecer arriesgado, pero funciona.

Aquí, sin embargo, fuera del sector tecnológico casi nadie se atreve todavía. Pero es igual de fácil de aplicar. ¿Quieres crecer? comparte. ¿Quieres que se queden? comparte. En Bravos lo tenemos diseñado para que así suceda. No hace falta inventar la rueda: basta con mirar lo que funciona en otros sectores y traerlo al tuyo. Basta con ser generoso, porque el 60% de 100 es mejor que el 100% de 6.

En resumen: el salario no lo explica todo, pero es la base sobre la que se construye lo demás. Un mal sueldo expulsa incluso si la cultura es brillante; un buen sueldo no garantiza compromiso, pero compra tiempo y estabilidad para que los demás factores hagan su trabajo.

2. CONCILIACIÓN

Antes era un beneficio secundario. Después de la pandemia, se convirtió en decisivo. Hoy es, tras el salario, el segundo motivo por el que alguien elige una empresa. Y en ciertos perfiles, en función de sus circunstancias, incluso lo supera.

Lo vemos constantemente en los procesos de selección: profesionales que rechazan ofertas más altas porque la otra empresa les da más tiempo, más flexibilidad, más equilibrio. Vida. La conclusión es clara: el tiempo se ha convertido en una moneda tan valiosa como el dinero.

> Las organizaciones que lo han entendido tienen una ventaja competitiva. Y las que, además, han sabido habilitar el teletrabajo cuentan con un recurso diferencial para atraer y retener talento. Solo con implantar bien el trabajo en remoto, ya se colocan un paso por delante del resto del mercado.

Como vimos en el capítulo 10, la conciliación es el gran imán de atracción y retención. Pero ojo: no es solo teletrabajo. Es un marco más amplio para dar margen a las personas sin que eso vaya en contra del rendimiento.

Y aquí entra en juego algo fundamental: no todas las personas necesitamos lo mismo en todas las etapas de nuestra vida. A los 22 años, quizás es el aprendizaje, los proyectos y las oportunidades de crecer. A los 30-40 quizás la familia, y a los 50 reconocimiento o descanso. Las empresas inteligentes no dan lo mismo a todos, sino que diseñan una oferta flexible que acompaña las distintas etapas de la vida.

Las medidas que funcionan de verdad

Jornada intensiva

Más allá del teletrabajo, la medida estrella. Ya sea todo el año o solo en verano, liberar tardes completas para vida personal tiene un impacto brutal en bienestar y retención. Si la empresa tiene capacidad de organizarse, es quizá la palanca más potente que existe.

Vacaciones flexibles

Cada vez más compañías permiten ampliar días por encima de lo que marca la ley, o incluso "comprar tiempo libre" renunciando a parte del salario. Puede parecer un detalle, pero da un enorme poder de decisión a cada persona sobre su vida.

Teletrabajo bien estructurado

Aquí está uno de los grandes debates. Mi opinión es que el equilibrio está en un modelo híbrido. Un esquema 3-2 (tres días en oficina, dos en remoto) me parece muy interesante, aunque otros optan por 4-1 o 2-3. La proporción exacta es lo de menos: lo que importa es que haya días fijos de coincidencia en la oficina para reuniones, cultura y trabajo en equipo —por ejemplo, lunes, martes y jueves— y que los días de concentración se reserven para teletrabajar —miércoles y viernes—.

Eso sí, con un matiz clave: el teletrabajo debe ser optativo.
No todo el mundo quiere o puede trabajar desde casa.
Lo importante es que exista la opción, con un marco claro.
Porque si cada persona se organiza como quiere, lo que se genera
es una organización asíncrona, sin coordinación y sin cultura.

Conciliación y control del trabajo

Conciliar no es lo mismo que trabajar sin reglas. Como vimos en el capítulo del tiempo, lo que permite dar libertad es tener herramientas para controlar el trabajo, no al trabajador.

Lo que importa no es dónde estás, sino qué entregas y en qué plazo. Cuando la empresa mide resultados y avances de proyectos, puede dar autonomía real sin perder control.

De lo contrario, todo se convierte en una guerra de percepciones: el jefe sospechando que en casa no se trabaja, y el empleado sintiéndose vigilado. El cambio de foco —del horario al resultado— es lo que hace posible la conciliación.

La palanca que define el futuro

La conciliación es hoy, junto al salario, el factor decisivo. Porque no hablamos de un beneficio marginal, sino de una auténtica palanca estratégica para atraer y fidelizar talento.

El tiempo se ha convertido en el recurso más escaso y más valorado. Darlo, gestionarlo bien y ofrecer flexibilidad es lo que separa a las empresas que competirán en el futuro de las que quedarán ancladas en el pasado.

3. CULTURA

La cultura es lo que sucede cuando nadie está mirando. No son los valores colgados en una pared ni un manual olvidado en un cajón, sino la forma en la que de verdad se trabaja, se decide y se convive.

Sabemos que no existe una única cultura válida. Las hay más burocráticas y jerárquicas, y otras más cercanas y horizontales. Pero en un mundo donde el talento es móvil, lo que hoy atrae y retiene es claro: autonomía, propósito y buenas personas. Tres ingredientes que hacen que la cultura no sea un adorno, sino una ventaja competitiva.

Liderazgo: menos padres, más desbloqueadores

Como vimos en el capítulo 5, el liderazgo es clave, pero no en el sentido tradicional. La mayoría de personas ya no quieren jefes que actúen como padres, controlando cada paso y decidiendo qué hacer y cómo hacerlo. Ese modelo choca con la necesidad actual de velocidad, autonomía y aprendizaje.

El líder del siglo XXI tiene otro rol: dar dirección clara, facilitar recursos, ayudar a gestionar imprevistos y desbloquear problemas cuando aparecen. Y, a partir de ahí, dejar espacio. Liderar no es vigilar, es habilitar.

Además, hay un requisito básico: ser buena persona. Puede sonar ingenuo, pero marca la diferencia. Un mal jefe desmotiva a todo un equipo; un buen jefe multiplica su impacto. El liderazgo, en esencia, consiste en crear las condiciones para que los demás brillen.

Herramientas y agilidad: visibilidad y propósito

La cultura no se construye solo con palabras, también con herramientas. Y aquí la agilidad aporta mucho valor. Los tableros ágiles, los paneles, los *sprints*… todo lo que permite tener visibilidad sobre lo que está pasando en la organización es una palanca cultural enorme.

Y esa transparencia genera un efecto poderoso: hace que cada persona entienda que no solo está poniendo ladrillos, sino construyendo una catedral. La comunicación abierta, el acceso a la información y la claridad sobre el rumbo de la organización ayudan a crear propósito. Ese propósito, como ya hemos visto en el libro, es lo que conecta a las personas con algo más grande que ellas mismas.

El propósito es lo que conecta el día a día con algo más grande. No basta con tener un buen líder o con organizar bien el trabajo: las personas necesitan entender para qué hacen lo que hacen.

Cuando no hay propósito, el trabajo se reduce a cumplir tareas. Cuando lo hay, la motivación cambia: ya no se trata solo de "poner ladrillos", sino de sentir que estás construyendo una catedral.

Pero el propósito no aparece por arte de magia. Necesita tres condiciones muy concretas:

1. **Claridad en el rumbo de la empresa.** Si la gente no sabe hacia dónde va la organización, difícilmente encontrará sentido a lo que hace.

2. **Comunicación constante y abierta.** Los rumores son los huecos entre un punto A y un punto C: cuando no se explica el punto B, cada persona lo completa con lo que cree… casi siempre para mal. La comunicación clara elimina ese ruido y refuerza la sensación de estar construyendo algo en común.

3. **Herramientas que hagan visible el trabajo.** Aquí la agilidad aporta valor cultural: tableros, paneles y dinámicas que muestran qué se está haciendo, cómo avanza el equipo y dónde encaja la

contribución de cada uno. Esa transparencia convierte la rutina en sentido compartido.

El propósito no es un discurso vacío, es el resultado de alinear estas tres piezas.

Cuando falta, la organización sobrevive a base de órdenes y supervisión. Las personas trabajan por salario, no por compromiso. Eso puede sostenerse un tiempo, pero nunca genera ni innovación ni fidelidad.

Cuando esas piezas se alinean, en cambio, cada persona entiende cómo su esfuerzo encaja en el todo. Y entonces aparece el propósito real: la motivación de formar parte de algo que merece la pena.

Comunidad: trabajar con buenas personas

La cultura no se sostiene solo en los líderes: también en la comunidad. No basta con tener un buen jefe; importa igual o más tener buenos compañeros. Porque al final, el trabajo no se hace en soledad: se construye en equipo, en conversaciones y en confianza mutua.

¿Y qué significa ser buena persona? Ser buena persona en una organización significa tratar a los demás con respeto, no dañar intencionadamente y buscar el bien común. Puede sonar obvio, pero no lo es.

¿Y qué significa ser mala persona? Ser mala persona en una organización significa actuar desde el egoísmo, incluso a costa de los demás. Es manipular, malmeter, generar desconfianza o pisar para avanzar. No es ser exigente ni ambicioso —eso es positivo—, sino usar esas cualidades de manera destructiva, envenenando el ambiente y debilitando al equipo.

Aquí hay un factor del que casi nunca se habla: las empresas funcionan mejor cuando están llenas de buenas personas. Y para lograrlo, la organización tiene un rol clave: no tolerar conductas tóxicas. No basta con ponerlo en un código de valores, hay que encarnarlo en el día a día.

Y haciendo esto, sucede algo curioso: cuando las conductas negativas se castigan de verdad, incluso las personas "malas" se comportan bien. No porque hayan cambiado, sino porque el entorno no les permite actuar de otra manera. Eso también es cultura.

Construir comunidad no significa solo trabajar juntos: significa también generar momentos de relación fuera de la presión diaria. Aquí entran en juego los eventos sociales: cenas, comidas, cervezas tras el trabajo, o incluso ideas sencillas como usar el parking de la empresa una vez cada dos meses para hacer un concurso de paellas o una BBQ. Con un poco de cerveza y buen humor, la gente conecta de otra manera.

Lo importante no es gastar mucho dinero, sino ponerle ganas y creatividad. Porque esos espacios de risa, de distensión y de convivencia hacen que los roces del día a día se suavicen. Una comunidad sólida no elimina los conflictos, pero los hace más fáciles de gestionar.

En resumen:
la comunidad es el pegamento invisible de la cultura.
Se construye con buenas personas, con normas claras sobre lo que no se tolera y con oportunidades para compartir más allá del trabajo. Y cuando existe, convierte la empresa en un lugar donde uno quiere estar, no solo donde tiene que estar.

Confianza: cumplir con lo que prometes

La confianza es uno de los pilares invisibles de cualquier cultura sana. Pero no se trata de una confianza ingenua, del "yo confío en ti porque sí". La verdadera confianza no está puesta solo en las personas, sino en los compromisos que cumplen y en el trabajo que entregan.

Confiar significa que, si alguien se compromete con una tarea, la va a sacar adelante. Que lo que se promete, se cumple. Que el equipo puede contar con que cada uno hará su parte. Y que ese compromiso no es solo vertical con el manager, sino también horizontal con los compañeros.

En culturas poco maduras, la confianza se interpreta como "me dejan hacer lo que quiero". En las culturas sólidas, la confianza se entiende como responsabilidad compartida: yo cumplo porque tú cumples, y porque todos nos debemos al equipo. No es fe ciega: es una cadena de compromisos que se refuerzan mutuamente.

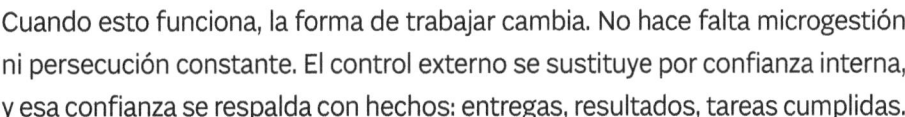

Cuando esto funciona, la forma de trabajar cambia. No hace falta microgestión ni persecución constante. El control externo se sustituye por confianza interna, y esa confianza se respalda con hechos: entregas, resultados, tareas cumplidas.

Esa es la confianza que sostiene a los equipos de alto rendimiento: no la que se escribe en un valor corporativo, sino la que se construye todos los días cumpliendo con lo que se promete.

Transparencia: claridad en el rumbo

La transparencia es la otra cara de la confianza. Confiamos más cuando entendemos qué está pasando, hacia dónde vamos y por qué se toman ciertas decisiones.

No se trata de contarlo todo, pero sí de dar claridad sobre el camino. Qué objetivos se persiguen, qué decisiones se han tomado, qué resultados se están consiguiendo. Cuando la información circula, se elimina la sensación de ir a ciegas y se reduce el ruido de los rumores.

Los tableros, los paneles de proyectos y las reuniones abiertas ayudan a reforzar esa transparencia. No porque conviertan a la empresa en una asamblea permanente, sino porque hacen que cada persona pueda ver cómo encaja su trabajo en el conjunto. Esa visibilidad evita rumores, reduce la desconfianza y refuerza el compromiso.

He visto a un CEO explicar a su gente que había que hacer despidos... y a los trabajadores responder que lo entendían. Y he visto justo lo contrario: compañías que han hecho cosas maravillosas por sus empleados y, aun así, han acabado con los sindicatos en contra.

La lección es clara: comunicar, comunicar y volver a comunicar. Siempre.

La transparencia, además, genera confianza en la dirección. Cuando los líderes explican no solo las decisiones fáciles, sino también las difíciles, demuestran respeto hacia la gente. Y eso, a su vez, refuerza la credibilidad. Porque al final, la transparencia no es solo compartir información: es tratar a las personas como adultos capaces de entender la realidad del negocio.

En resumen: una cultura sin transparencia es un castillo de naipes. Puede aguantar un tiempo, pero terminará derrumbándose. Con transparencia, en cambio, se construye un sentido compartido, se alinean esfuerzos y se hace más fácil remar en la misma dirección.

4. ORGANIZACIÓN DEL TRABAJO

La forma en la que se organiza el trabajo define en gran medida la experiencia de las personas en la empresa. No es un tema secundario: es el motor de cómo se logra valor, cómo se colabora y cómo se avanza.

Históricamente, las organizaciones se construyeron en silos. Era lo más sencillo: poner a alguien al cargo de un área y que esa persona gestionara todo lo que ocurría debajo. Durante mucho tiempo funcionó, porque el entorno era más estable y los cambios más lentos.

Pero hoy el mundo se mueve a una velocidad completamente distinta. Ningún área puede resolver los retos sola. La complejidad exige que distintas disciplinas trabajen juntas, y eso obliga a dar peso creciente a los proyectos transversales, en los que participan personas de varios departamentos. Los silos no desaparecen, siguen teniendo su función, pero ya no pueden ser la única forma de organizar el trabajo.

Y lo contrario es la burocracia. Nadie, absolutamente nadie, te va a decir que quiere trabajar en una empresa burocrática, donde para lograr cualquier cosa haya que pasar por mil procedimientos. Esa es la receta más rápida para perder talento.

Un ejemplo claro lo vimos en 2025. Meta sufrió entonces una fuga inesperada de talento. Ingenieros estrella que habían recibido ofertas millonarias —hasta 250 millones de dólares por persona, con bonos, acceso directo a Zuckerberg y recursos ilimitados— decidieron marcharse igualmente.

¿El destino? xAI, la entonces nueva empresa de Elon Musk. Una compañía mucho más pequeña, con menos recursos y sin la estabilidad de Meta.

La pregunta es inevitable: ¿por qué alguien rechazaba una fortuna de por vida para irse a una startup más incierta? La respuesta estuvo en lo que Musk supo ofrecer. En Meta, una idea tardaba meses en pasar filtros; en xAI se convertía en producto en semanas. En Meta, la IA era una herramienta para vender más; en xAI, un proyecto para "maximizar la búsqueda de la verdad" y moldear el futuro.

Los ingenieros no eligieron el cheque. Eligieron propósito, velocidad y libertad. Ni siquiera las grandes tecnológicas se libran de este efecto.

Agile y el tiempo como materia prima

Para que esta transición sea posible, la gestión del tiempo es clave. Lo vimos en el capítulo 3. Sin datos sobre cómo se utiliza el tiempo y cómo avanzan los proyectos, es muy costoso coordinar equipos transversales.

> La capacidad de planificar, medir y ajustar el trabajo
> es lo que permite que las personas salgan de sus silos
> y colaboren en proyectos comunes sin que la organización
> se convierta en un caos.
> O peor aún: sin que directivos y managers lo frenen
> de manera inconsciente, porque están atrapados
> en otras demandas o prioridades urgentes.

El tiempo es la materia prima de la organización. Gestionarlo bien es control, es liberar capacidad para que lo importante ocurra. El ejemplo que poníamos, 75% al silo y 25% a proyectos transversales.

Equipos transversales: autonomía, reto y aprendizaje

Decirle a alguien hoy que va a tener un buen salario, conciliación y además la posibilidad de trabajar en diferentes proyectos con diferentes personas al mismo tiempo... es ponerle delante una oferta irresistible. Cualquiera que escuche eso aplaudirá con las orejas.

¿Por qué? Porque los equipos, transversales, de proyecto, cross-funcionales o squads —como queramos llamarlos— ofrecen tres elementos que son hoy la mayor fuente de motivación en el trabajo:

- Autonomía. La posibilidad de planificar tu tiempo, organizarte con el equipo y responder por entregables concretos, sin un jefe detrás marcando cada paso.

- Reto. Un proyecto tiene principio y fin. No es rutina infinita: hay un objetivo que empuja, un problema que resolver, algo que sacar adelante.

- **Aprendizaje.** Cada proyecto reúne personas de distintos departamentos y con conocimientos diferentes. Cuando termina, siempre te llevas algo nuevo, una habilidad, una perspectiva, una forma distinta de trabajar.

Estas tres palancas junto a un liderazgo adecuado disparan la motivación. Mucho más que cualquier procedimiento burocrático o cualquier discurso vacío sobre valores.

Porque salir del silo —de estar siempre dependiendo de la misma persona, con los mismos problemas y rodeado de la misma gente— genera otras dos cosas clave: aire fresco y nuevas perspectivas. Te obliga a enfrentarte a contextos distintos, a trabajar con compañeros diferentes, a abordar retos que no son los de siempre. Y ese cambio es lo que mantiene viva la motivación.

Y lo más interesante es que estos tres factores solo florecen de verdad en entornos de proyectos transversales. Allí donde los silos se abren, donde se rompe la rutina, donde la gente se mezcla para construir algo nuevo.

Agilidad como marco imprescindible

Todo esto —la gestión del tiempo, los proyectos transversales, la autonomía, el reto y el aprendizaje— no sucede por arte de magia. Hace falta un marco que lo haga posible. Ese marco es la agilidad —agile en inglés—.

Los entornos ágiles no son una moda ni un fin en sí mismos: son la metodología que permite que el trabajo se organice de manera eficiente, que los equipos tengan autonomía real y que los proyectos avancen sin atascarse en la burocracia.

Según un estudio de McKinsey, implantar marcos ágiles tiene un impacto directo de entre un 10% y un 30% en eficiencia y productividad, además de reducir de forma drástica el *time to market* y acelerar el desarrollo de producto. Como para no intentarlo.

Y lo más interesante, bajo mi punto de vista, es que las empresas maduras que evolucionan hacia la agilidad suelen superar luego en resultados a aquellas que ya nacieron agiles. Tiene todo el sentido, tienen lo bueno de ambos lados.

Sin agilidad, en este entorno que se mueve tan rápido, el riesgo es evidente: caos, descoordinación y proyectos que nunca terminan. Con agilidad, en cambio, la organización dispone de una estructura flexible que hace posible planificar, coordinar y entregar valor de forma continua.

Marcos de agilidad: del tablero a la entrega

Existen distintos marcos para aplicar la agilidad en el día a día. Los más extendidos son:

- Kanban. Visualizar el trabajo en un tablero con columnas —to do, doing, done—. Sencillo pero muy potente: permite ver de un vistazo dónde están los cuellos de botella y cómo fluye el trabajo. La clave de Kanban es limitar lo que está en curso: menos multitarea, más foco.

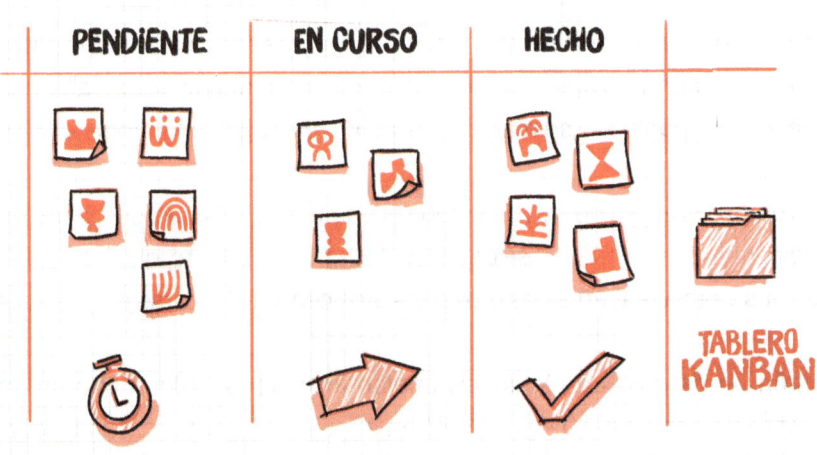

Tablero Kanban

- **Scrum.** Trabajar en ciclos cortos, normalmente de una o dos semanas, llamados *sprints*. En cada sprint se planifica qué se va a hacer, se revisa lo que se ha completado y se ajusta lo siguiente. Scrum da cadencia y disciplina, convierte proyectos grandes en entregas pequeñas y manejables.

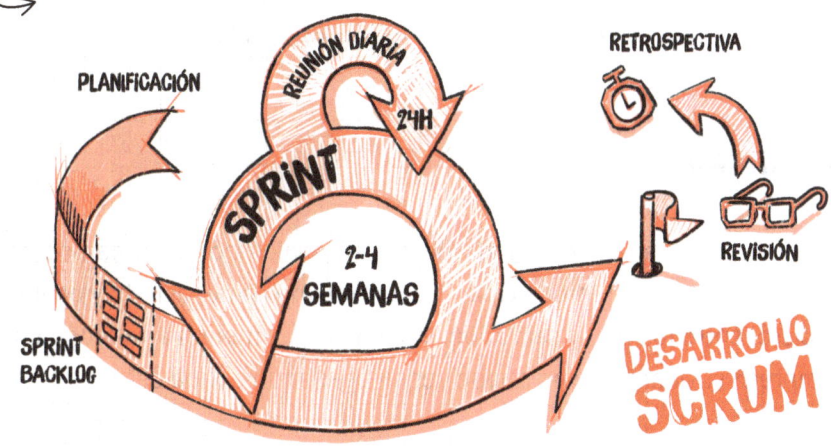

Ciclo Scrum

- **Otros marcos híbridos.** Muchas organizaciones combinan elementos de ambos: tableros de Kanban con reuniones de Scrum, adaptando las prácticas a su realidad. Lo importante no es ser "ortodoxo" con la metodología, sino que el marco elegido ayude a coordinar, a dar visibilidad y a entregar valor rápido.

La agilidad, en cualquiera de sus formas, es el pegamento que hace que los equipos transversales funcionen. Porque permite coordinar a gente de distintos departamentos, con prioridades diferentes, en un mismo ritmo de trabajo. Y es, en definitiva, lo que convierte la teoría de la organización transversal en una práctica real y sostenible.

Además, los tableros, paneles y proyectos visibles aportan claridad y eliminan la sensación de "no me entero de nada". Si quiero, tengo acceso a la información, sé qué hace mi equipo y qué hacen los demás. Esa visibilidad, acompañada de comunicación abierta y constante, corta los rumores y refuerza la coordinación.

Y hay algo más: la agilidad no solo organiza el trabajo, sino que facilita todo lo demás. Una empresa con metodología ágil y que mide, habilita la conciliación, refuerza su cultura y hace más sencilla la propia organización del trabajo. La agilidad es el marco que integra estas piezas del puzle.

5. CARRERA

Más pronto que tarde, la mayoría de profesionales nos planteamos hacer carrera. No todos queremos lo mismo, ni al mismo ritmo, pero hay un patrón muy claro: entre los tres y seis años, mucha gente empieza a valorar cambiar de empresa si siente que no puede seguir creciendo donde está.

Eso no es necesariamente un drama. Ya hemos visto en el libro que una rotación sana es positiva para la empresa: refresca, trae nuevas ideas y evita la endogamia. No todo el mundo va a crecer dentro de tu organización, y tampoco pasa nada. Lo importante es que quienes sí tienen potencial y ganas de hacerlo encuentren las condiciones para desarrollarse.

Dentro de la carrera podemos distinguir tres grandes palancas:

Formación: la base del desarrollo

No hay buen profesional que no quiera formarse. Quien rechaza la formación, normalmente, es porque no tiene interés en mejorar. Y las empresas que no invierten en formación terminan pagándolo caro. Como dice la famosa frase: *"¿Y si los formamos y se van? —Vale, pero ¿y si no los formamos y se quedan?"*.

La formación debe estar conectada con un modelo de desarrollo claro. No basta con acumular cursos: hay que poner al perro con las ovejas y al mono en el árbol, es decir, potenciar a cada persona en aquello para lo que tiene más talento. El diferencial lo marca la empresa que es capaz de identificar esas habilidades y potenciarlas. Paradójicamente, de todo lo que hemos hablado en el libro, esta es quizá la palanca más sencilla... y, sin embargo, la que menos se aplica y que creo se vaya a aplicar. La de poner a cada uno a hacer aquello que mejor sabe hacer.

Oportunidades de crecimiento: puertas abiertas

El crecimiento no siempre tiene que ser vertical, pero debe ser visible. Lo básico: que cada nuevo puesto se publique primero dentro que fuera. Es clave que el de dentro lo sepa antes que el de fuera, y que cualquier persona de la organización pueda optar en igualdad de condiciones frente a candidatos externos. Y que los procesos sean claros, con pruebas o casos que permitan competir de manera justa.

Aunque no todo el mundo vaya a ascender, ni aunque tengamos el tamaño suficiente como para que todos crezcan (ninguna empresa lo tiene), la señal importa: la gente necesita saber que dentro se puede avanzar. La transparencia en estas oportunidades es un factor de motivación enorme. Y tener planificados planes de carrera sobre el papel, visible y accesible a todos, es oro. Yo mismo entré en un plan de carrera que cambió mi vida.

De esto hay mucha literatura, y muy buena. Pero aquí quiero añadir algo más: no debemos fustigarnos si en nuestra organización no hay espacio para todos. No existe ninguna empresa en el mundo en la que todos lleguen a CEO. Es parte de la vida.

Aun así, tener un plan de carrera definido, aunque sea sobre el papel, es sano porque pone marco y ordena expectativas. Ayuda a que cada persona sepa hasta dónde puede llegar dentro de la organización, si se dan las circunstancias adecuadas.

Reconocimiento: dar valor al esfuerzo

La carrera no es solo subir de puesto: también es sentir que tu trabajo tiene impacto y es valorado. Aquí entran en juego los sistemas de reconocimiento. Hay muchos:

 Sistemas de reconocimiento directo, regalos o incluso bonus del responsable a sus colaboradores.

 Premios a logros específicos dentro de la empresa (ventas, proyectos, operaciones...).

 Iniciativas cruzadas, donde compañeros de distintos departamentos pueden nominar y votar a otros, sacando a la luz a quienes normalmente pasan desapercibidos.

Todos suman, pero nada sustituye al más poderoso: un reconocimiento público, sincero y concreto delante de otros. Un "enhorabuena, gran trabajo" bien dado puede tener más efecto que cualquier medalla.

En resumen: la carrera se construye básicamente sobre tres pilares: formación, oportunidades de crecimiento y reconocimiento. Cuando una organización ofrece estas tres palancas, las personas sienten que avanzan, que su esfuerzo tiene sentido y que su futuro se abre dentro de la empresa.

Eso es lo que convierte a la carrera en un motor de compromiso y motivación: no solo quedarse por lo que se tiene hoy, sino por todo lo que aún queda por construir.

6. BENEFICIOS: LA GUINDA DEL PASTEL

Por último, los beneficios. Y sí, por último. Porque los beneficios para los empleados son la guinda del pastel, no la base del plato.

A lo largo del capítulo hemos visto seis grandes áreas. Y hay que dejar algo muy claro: ofrecer guardería, transporte, comida pagada, bonos para libros o gimnasio no sustituye a tener un salario justo, ni a la conciliación, ni a un buen jefe, ni a una organización productiva, ni a las oportunidades de carrera.

Creer lo contrario es como tener un esguince en el tobillo y ponerte una tirita en la cabeza.

Los beneficios funcionan cuando todo lo demás ya está en su sitio. Entonces sí: suman, amplifican la experiencia y hacen que la vida en la empresa sea más atractiva. Pero si se intentan usar como parche para tapar fallos estructurales, el efecto es mínimo y hasta contraproducente. No se soluciona un problema de salario poniendo un futbolín.

El espacio de trabajo

El primer gran beneficio es el propio espacio. Si quieres que la gente vaya al trabajo, el entorno debe ser más agradable que su casa. Y eso no se logra con filas de sillas mirando a una pizarra, como en la escuela.

Un espacio atractivo significa sofás donde se pueda trabajar, mesas altas para reuniones rápidas, zonas abiertas con pantallas compartidas, entornos versátiles que inviten a colaborar y moverse. Ese futbolín o un ping-pong para el descanso y reírse un rato… Cuando el espacio inspira y resulta cómodo, la gente quiere ir; cuando no, el teletrabajo siempre ganará. Las empresas tienen un reto en convertir los espacios de trabajo en sitio chulos y dinámicos. Que molen.

Flexibilidad: la clave de los beneficios

Más allá del espacio, lo que realmente marca la diferencia en los beneficios es su flexibilidad. No todas las personas necesitamos lo mismo en todo momento: ahora puede ser vital la guardería, mañana el transporte, y más adelante un seguro médico o días extra de vacaciones.

La clave está en que cada persona pueda elegir qué le aporta más valor según su etapa de vida. Ahí es donde los beneficios dejan de ser un catálogo cerrado y se convierten en una herramienta real de fidelización.

Según varias encuestas, los más valorados son en este orden: flexibilidad en el horario (lo hemos tratado en la conciliación), salud, jubilación, formación, bienestar mental y físico.

Existen empresas especializadas en empaquetar y ofrecer estos programas. Y curiosamente, hay muchas más volcadas en eso que en arreglar los problemas de fondo (salario, conciliación, cultura...). Probablemente porque lo primero es más fácil de implantar y luce más en un catálogo de "ventajas".

La guinda, no el pastel

No confundamos: los beneficios son fantásticos, siempre que se construyan sobre una base sólida. Todo lo que sumes va a sumar, pero si gastas en beneficios mientras descuidas salario, conciliación, cultura, organización y carrera, estarás invirtiendo en cosmética, no en transformación.

Bien planteados, los beneficios completan la experiencia de trabajo y hacen que todo lo demás brille más. Pero nunca serán el sustituto de lo esencial.

En resumen: los beneficios son el "extra" que hace más atractivo el viaje, no el motor que lo impulsa, potencian lo esencial, pero no lo reemplazan. Si nuestra empresa ya tiene la base sólida, ponemos la guinda. Si no, cualquier adorno caerá en saco roto.

Capítulo 12
EPÍLOGO

Nada de lo que has leído aquí es definitivo.
Solo son aprendizajes en movimiento.

Canción:
Dust in the wind de Green Nomad

"All we are is dust in the wind
Dust in the wind..."

EL FUTURO NO SE PREDICE, SE PREPARA

No sé cómo será el futuro del trabajo. Y, siendo honesto, desconfío de quien dice saberlo. Lo único que tengo claro es que todo cambiará más rápido de lo que imaginamos y que no todos llegaremos igual de preparados.

La tecnología acelerará los procesos, los aprendizajes y también los errores. Pero lo que realmente pondrá a prueba a las empresas —y a las personas— será su capacidad para seguir aprendiendo mientras todo cambia.

Por eso creo que no se trata de adivinar lo que viene, sino de prepararse para afrontarlo. De construir organizaciones capaces de reaccionar con rapidez, de organizarse de forma más descentralizada y con el talento como eje motor, orquestando la tecnología y los datos.

En el fondo, la gran diferencia no estará en quién sepa más, sino en quién sepa aprender mejor. En quién sea capaz de adaptarse sin perder el equilibrio, de volver a empezar sin miedo y de no dejar de moverse aunque el terreno cambie bajo sus pies.

LO QUE NO CAMBIA

Mientras todo se acelera, hay algo que sigue casi inmóvil: el sistema educativo.

Es el gran contrasentido de nuestro tiempo. Hablamos de disrupción, de inteligencia artificial, de cambio continuo… pero la educación avanza al ritmo más lento de todos. Y no parece que vaya a hacerlo mejor en los próximos diez años.

Y no se trata de despreciar la educación, sino de reconocer que la escuela y la realidad van a distinto ritmo. La escuela enseña a pasar exámenes; la vida, a gestionar incertidumbre. Y ese desfase explica por qué muchos jóvenes llegan al mercado laboral sabiendo menos de lo que deberían y desmotivados antes de empezar.

En la práctica, quien puede ofrecer a sus hijos determinados modelos educativos ya está entrenándolos para un entorno distinto. Algunas escuelas y proyectos educativos —especialmente los que apuestan por el pensamiento crítico y el aprendizaje por proyectos en lugar de limitarse al libro de texto— están adaptando sus metodologías con una agilidad que los sistemas educativos tradicionales, por su propia inercia, tienen más dificultades para asumir.

No es una cuestión ideológica ni de marcas educativas. Es una cuestión de enfoque. Han entendido que el futuro no se memoriza: se entrena desde la infancia, fomentando autonomía, colaboración y aprendizaje práctico. Exactamente las mismas capacidades que luego reclamamos —a menudo sin éxito— a las organizaciones.

El problema es que este tipo de enfoques sigue siendo la excepción, no la norma. Y ahí es donde el sistema empieza a mostrar sus límites.

No por falta de talento entre los docentes —que lo hay, y mucho—, sino por un diseño que ha quedado atrapado entre dos modelos incompatibles. Por un lado, se han mantenido métodos pasivos, memorísticos y poco conectados con la realidad. Por otro, se ha ido erosionando la autoridad operativa del profesor dentro del aula, vaciándolo de capacidad real para intervenir cuando el sistema no funciona.

No es que antes el modelo funcionara mejor —no lo hacía—, ni que hoy exista una verdadera libertad educativa —tampoco—.

El problema es otro:
se ha desmontado la autoridad operativa del docente
sin transformar el modelo educativo que esa autoridad sostenía.

Quitamos el mando, pero dejamos intacto un sistema diseñado para funcionar con mando. El resultado no es ni el orden antiguo, ni un aprendizaje moderno y autónomo, sino una combinación de las dos peores partes.

En ese contexto, incluso los buenos profesores se encuentran atrapados. Siguen siendo responsables del aprendizaje, del clima del aula y de los resultados, pero disponen de menos margen real de decisión para gestionar dinámicas que arrastran al grupo hacia abajo. No pueden ajustar ritmos, ni intervenir con eficacia, ni proteger el proceso educativo de quienes sí quieren avanzar.

Dicho de otro modo: es un sistema que retira autoridad a quien tiene la responsabilidad operativa, pero le mantiene la responsabilidad del resultado.

Esa combinación es profundamente frustrante. No solo dificulta el trabajo diario, sino que erosiona la motivación de quienes están en primera línea. Cuando no puedes hacer bien tu trabajo, aunque tengas vocación y criterio, el desgaste se acumula. Y con el tiempo, muchos acaban haciendo lo único que el sistema permite: adaptarse, bajar expectativas y no salirse del guion.

A partir de ahí aparece otra dinámica bien conocida en cualquier organización grande: la presión del propio grupo. Quien intenta empujar, innovar o salirse del modelo dominante no solo choca con el sistema, sino también con compañeros que ya han aprendido que moverse no compensa. No siempre por cinismo; muchas veces por cansancio, por autoprotección o por pura supervivencia.

Poco a poco, el sistema no solo se protege desde arriba, también se reproduce horizontalmente. Y así, la excepción deja de ser quien se acomoda y pasa a ser quien intenta cambiar algo.

Por eso, cada vez más familias buscan alternativas: concertadas, privadas u otros modelos educativos. Y no solo en la educación infantil. El fenómeno se ha extendido también a la universidad, donde la oferta privada crece a un ritmo que hace apenas una década habría parecido impensable. Cuando una familia percibe que el futuro de sus hijos depende de anticiparse, elige moverse, aunque cueste.

Quizá la única esperanza esté fuera: en los padres, en los entornos, en las comunidades que deciden implicarse. Y lo cierto es que ya hay escuelas que están haciéndolo. Centros donde las familias participan activamente, donde se enseña por proyectos, se fomenta la colaboración y se prioriza el aprendizaje práctico sobre la memorización. No son mayoría, pero existen. Y su ejemplo empieza a contagiar a otros.

Tengo amigos dentro del sistema educativo que luchan y empujan desde dentro. Si eres uno de ellos, no desfallezcas. Tu impacto, incluso sobre un solo niño, puede cambiarle la vida. Como en mi caso lo hizo un profesor que creyó en mí cuando ninguno de los demás lo hacía: José Enrique.

Y eso ya es cambiar el mundo.

El mundo de alguien.

Porque al final, el cambio empieza así:
con una persona que decide creer en otra.

La responsabilidad del aprendizaje

Cuando el sistema no cambia al ritmo que exige el mundo, ocurre algo inevitable: la responsabilidad del aprendizaje se desplaza. Ya no puede recaer solo en la escuela, en la universidad o en la empresa. Pasa a depender, cada vez más, de cada persona. No porque sea lo ideal, sino porque es lo que hay. En un entorno donde la información está al alcance de cualquiera, aprender deja de ser acumular contenidos y se convierte en desarrollar criterio. **Aprender a aprender no es una competencia más, es la condición básica para no quedarse fuera.** La capacidad de seguir aprendiendo, desaprendiendo y adaptándose se vuelve clave en una era tecnológica que cambia más rápido que cualquier plan educativo. Y cuando uno observa qué aprendizajes sostienen de verdad la vida adulta, descubre que muchos de los más importantes nunca estuvieron en el currículo.

En la práctica, hay aprendizajes que acaban siendo decisivos para la vida adulta y que el sistema nunca enseñó. Las relaciones humanas, la relación con el dinero y la gestión emocional son tres de ellos. No aparecen en los currículos, pero sostienen mucho más de lo que parece.

1. Las relaciones sociales

Las relaciones son la infraestructura invisible sobre la que se construye casi todo: las oportunidades, la confianza y el progreso. Saber relacionarse —conectar, comunicar, colaborar— no es una habilidad blanda ni secundaria, es una ventaja decisiva en cualquier ámbito de la vida.

Las personas que aprenden a tejer redes diversas y sólidas tienen más posibilidades de avanzar, de emprender, de acceder a nuevas ideas y de encontrar oportunidades laborales y de negocio. No es casualidad. La mayoría de los grandes cambios en una vida empiezan con una conversación. Y eso rara vez ocurre por azar.

Y eso lo saben bien las élites.

Las grandes fortunas, la alta sociedad y buena parte de la clase política envían a sus hijos a instituciones donde esos lazos se cultivan desde la infancia. No por prestigio ni por tradición, sino por anticipación. Porque entienden que el futuro no se decide solo por lo que uno sabe, sino por las relaciones que es capaz de construir cuando llegan los momentos clave.

Pero no son los únicos que lo hacen. También hay familias fuera de esos círculos que, con mayor o menor esfuerzo, intentan ofrecer a sus hijos entornos donde aprender a relacionarse, a exponerse, a conversar y a moverse con soltura. No siempre con los mismos medios ni con los mismos resultados, pero con la misma intuición de fondo: que esas relaciones pesarán más de lo que parece cuando el contexto se vuelva más competitivo o incierto.

Por eso las escuelas de negocio más prestigiosas no valen solo por sus programas. Valen, sobre todo, por la red de contactos que crean. Allí se aprenden finanzas y estrategia, sí, pero también —y quizá sobre todo— se aprende a relacionarse: cómo presentarse, cómo sostener una conversación relevante, cómo generar confianza y cómo convertir un vínculo en una oportunidad.

Ese aprendizaje no suele aparecer en ningún currículo oficial, pero acompaña durante toda la vida. El capital social, en muchos casos, resulta tan determinante como el capital económico. El dinero puede abrir puertas; las relaciones construyen los caminos.

Y en un entorno tan volátil como el actual, donde las trayectorias son cada vez menos lineales y los títulos pierden valor con rapidez, las relaciones se convierten en la moneda más estable que existe.

2. Inteligencia financiera

El segundo aprendizaje que el sistema no enseña —y que casi nadie aprendemos a tiempo— es la relación con el dinero. A la mayoría nos educaron para trabajar, no para entender cómo funciona el dinero. Y esa diferencia explica por qué tanta gente vive prisionera de sus ingresos: gana, gasta y vuelve a empezar.

El sistema no nos da la educación que necesitamos, sino la que necesita que tengamos. Forma personas funcionales, no individuos autónomos. Y esa carencia se hace especialmente evidente cuando hablamos de dinero.

Durante años, hablar de dinero se consideró de mal gusto. El tema se evitaba en las casas, se ignoraba en las escuelas y se disfrazaba en las empresas bajo conceptos como "motivación" o "vocación". Pero la realidad es sencilla: sin entender el dinero, la libertad es una ilusión.

La inteligencia financiera no tiene que ver con ambición ni con avaricia, sino con autonomía. Con comprender que el dinero no es un fin, sino una herramienta. Saber administrarlo, invertirlo o protegerlo no es un acto de codicia, sino de responsabilidad personal. El dinero no da la felicidad, pero la falta de control financiero genera una de las mayores fuentes de estrés de la vida moderna.

Si tuvieras la certeza de que, invirtiendo 10.000 € cuando tu hijo es pequeño en un índice como el S&P 500, podría jubilarse con una cifra aproximada de un millón... ¿lo harías? El pasado demuestra que ha sido así. En el futuro —con carreras menos lineales, contratos más flexibles y profesiones que cambian cada pocos años— esta competencia será aún más decisiva.

Quien entienda cómo crear valor, diversificar ingresos y sostenerse con independencia tendrá una ventaja que ningún título puede dar. Por eso, mientras el sistema sigue enseñando a aprobar exámenes, la verdadera educación debería enseñarnos a no depender. A comprender cómo se genera riqueza, cómo circula, cómo se multiplica y, sobre todo, cómo se preserva.

Como suele ocurrir, el sistema no te da la educación que necesitas, sino la que necesita que tengas.

Porque la inteligencia financiera no consiste en acumular dinero, sino en no ser esclavo de él.

3. Inteligencia emocional

La tercera competencia, quizá la más necesaria y la menos enseñada, es la inteligencia emocional. Vivimos en una época que lo acelera todo: los mensajes, las decisiones, las comparaciones. Y, sin embargo, pocas cosas nos preparan para gestionar lo que sentimos cuando todo se mueve tan rápido.

Durante años, el sistema educativo ha premiado la memorización y el rendimiento, pero ha ignorado algo esencial: la capacidad de entendernos a nosotros mismos. No nos enseñan a reconocer nuestras emociones, a regularlas ni a convivir con la frustración. Y así llegamos a la adultez sabiendo resolver problemas complejos, pero sin herramientas para gestionar un mal día.

La inteligencia emocional no es una moda, es supervivencia. Es lo que permite mantener el rumbo cuando el contexto cambia, cuando el mercado se vuelve hostil o cuando la presión se multiplica. He visto a profesionales brillantes romperse por no saber perder. Y también he visto líderes sin títulos académicos mantener de pie equipos enteros solo por su equilibrio interior.

La inteligencia emocional no solo mejora la vida personal; es el pegamento invisible de cualquier organización sana. Permite dar feedback sin herir, escuchar sin interrumpir, y tomar decisiones con empatía sin perder firmeza. No hay productividad posible en un entorno emocionalmente roto.

Ninguno de estos aprendizajes garantiza el éxito. Pero su ausencia sí garantiza fragilidad. Lo que marca la diferencia no es lo que sabes, sino lo que sabes aprender, gestionar y construir con otros.

Mi experiencia personal

Si pienso en lo que me ha traído hasta aquí, mi vida entera podría explicarse a través de esas tres habilidades. Las relaciones me llevaron, literalmente, a cumplir uno de mis sueños más improbables.

De niño, ¿recordáis cuando dije en clase que de mayor quería ser músico de rock y todos se rieron? Treinta años después, tras mucho trabajo y con dos discos a nuestras espaldas, toqué por primera vez en un gran escenario, frente a miles de personas, con mi banda. Fue un éxito.

Pero no llegó solo por el esfuerzo ni por el talento. Eso ayudó, claro, pero la oportunidad apareció porque había sabido construir relaciones, mantenerlas y cuidarlas durante años. Esa red fue la que, al final, abrió la puerta.

La inteligencia financiera fue lo que me permitió crear Bravos: dejar una carrera como ejecutivo y dar el salto a emprender, pero con paracaídas. Entender el dinero, planificar, ahorrar y asumir riesgos con cabeza fue lo que me dio la libertad para hacerlo. Esa independencia económica no era ambición. Era tranquilidad.

Y la inteligencia emocional ha sido el hilo que lo mantiene todo unido. La capacidad de resistir en los momentos difíciles, de entender a los demás, de no perder el equilibrio cuando todo tiembla. Sin eso, ni Bravos existiría, ni este libro estaría escribiéndose.

Por eso creo que esas tres cosas —las relaciones, la educación financiera y la madurez emocional— deberían enseñarse en todas las escuelas. Son las que preparan de verdad para el futuro. Todo lo demás cambia. Esto no.

EL PAPEL DE LAS EMPRESAS

Durante años, creímos que la digitalización cerraría las brechas entre empresas. Que la tecnología democratizaría la información y que, con el tiempo, todas podrían competir en igualdad de condiciones. Hoy sabemos que no ha sido así.

La tecnología aceleró muchas cosas, sí, pero también amplificó las diferencias. Hace 25 años, las compañías tecnológicas comenzaron a organizarse de forma diferente: equipos pequeños, autonomía, foco en el cliente, iteración continua, decisiones basadas en datos. Ese modelo, más que la tecnología en sí, es lo que generó la distancia que vemos hoy.

Porque la nueva brecha no es tecnológica, sino mental y organizativa. No la marca quién tiene más recursos, sino quién ha aprendido a pensar de otra forma. Las empresas que han entendido que el dato, la agilidad y el talento no son departamentos, sino una forma de trabajar, están evolucionando más rápido que el resto.

El resto sigue atrapado en la vieja lógica del control: la que mide horas, no impacto; presencia, no valor. Y esa brecha, la de mentalidad, es la más difícil de cerrar. Puedes comprar tecnología, pero no puedes comprar cultura. Puedes implantar herramientas, pero no confianza. Y sin confianza, ninguna transformación prospera.

Por eso creamos el **sistema ADT** desde dentro de la empresa, no desde fuera.

No como un modelo teórico, sino como una respuesta práctica al problema que vivíamos en primera persona. Vimos que ninguna palanca aislada resolvía nada. Que la agilidad sin datos se diluía, que el dato sin personas se burocratizaba y que el talento sin sistema se agotaba.

ADT nació cuando integramos esas tres dimensiones en una misma lógica de trabajo: Agilidad, Datos y Talento como un único sistema de evolución organizativa.
Solo después, cuando comprobamos que funcionaba en organizaciones reales, lo sacamos fuera para ayudar a otras empresas a recorrer ese mismo camino.

LA BRECHA NO SE CIERRA: SE ENSANCHA

La tecnología no está nivelando el terreno de juego; lo está inclinando más. Las empresas que entienden cómo usarla multiplican su velocidad, su capacidad de análisis y su aprendizaje. Las que no, se quedan atrapadas en la inercia, intentando adaptarse con procesos del pasado a un presente que ya cambió.

Y esa distancia va a seguir creciendo. Porque no es una cuestión de recursos, sino de cultura. Puedes comprar tecnología, pero no puedes comprar mentalidad.

La única forma de evolucionar es reaprender a organizarse.

Personas, talento y propósito

La paradoja es que, cuanto más tecnológica se vuelve una empresa, más depende de las personas. La tecnología puede automatizar tareas, acelerar decisiones, incluso predecir comportamientos, pero no saben para qué hacerlo.

Por eso el reto no está en ser más digitales, sino en ser más humanos: en poner el talento en el centro, en entender qué datos importan, cómo se usan y con qué propósito.

El talento organizativo no es la suma de individuos brillantes, sino la capacidad colectiva de pensar, aprender y evolucionar. Y el propósito actúa como brújula en medio del ruido. Cuando las personas entienden el "para qué" de lo que hacen, la energía cambia.

No se trata de motivar, sino de dar sentido. El propósito no sustituye al salario ni a las condiciones, pero da cohesión. Por eso, las organizaciones que consigan alinear propósito y talento no solo atraerán a los mejores, sino que retendrán lo que no se compra con dinero: la energía, la lealtad y la ilusión.

FRAGILIDAD Y BIENESTAR

En Occidente vivimos en entornos cómodos y seguros; tenemos techo, comida, Netflix y aire acondicionado. Pero esa misma comodidad nos ha hecho más vulnerables. En los países más ricos crecen la ansiedad, la depresión y los suicidios. Mientras en otras partes del mundo la gente sobrevive al hambre o a la guerra, aquí una pequeña frustración se convierte en un drama.

Durante siglos, la familia y la comunidad fueron el soporte natural de las personas. Si enfermabas, envejecías o simplemente no podías trabajar, eran los tuyos quienes cuidaban de ti. Estar solo significaba morir.

Con el tiempo, el Estado fue sustituyendo ese papel y convirtiéndose en proveedor. Ocupó el espacio que antes llenaban la familia, los amigos y el pueblo: *papá Estado*. Pero ese estado está sobrepasado: endeudado, ineficiente, incapaz de sostener el bienestar al ritmo que la sociedad le exige.

Y lo está por culpa de una clase política que gasta más de lo que tiene, movida casi únicamente por sus propios intereses, por la indolencia y por la avaricia. Ese vacío —el mal funcionamiento de lo público— lo están empezando a cubrir las empresas. Unas por voluntad, otras por pura necesidad. Manda narices.

Hace unos años impulsamos un pequeño proyecto social para un colectivo de la plantilla con menos recursos. El objetivo era simple: ayudar en todo lo que sucedía fuera de la empresa, porque lo que pasaba fuera estaba afectando directamente a lo que pasaba dentro. No fue un gran proyecto ni muy costoso, pero sí muy enfocado.

A través de una trabajadora social empezamos a atender a los empleados y, sobre todo, a escuchar de verdad qué les preocupaba. El primer gran problema —que afectaba a más de la mitad de los casos— no tenía que ver con el trabajo, sino con la falta de educación financiera: no saber gestionar el dinero, deudas, hipotecas mal planteadas, créditos abusivos, dificultad para acceder a vivienda.

Cuanto menor era el nivel cultural, mayor era el impacto, de ahí mi insistencia en que esto se enseñe en la escuela. Contar con una profesional que los acompañara y asesorara generó un efecto enorme. Una empresa —sin tener por qué hacerlo— estaba ayudando a resolver problemas reales: económicos, de vivienda, de acceso a ayudas sociales… Y, en muchos casos, a cumplir pequeños o grandes sueños de vida y de familia.

El segundo gran problema fue el apoyo emocional: depresiones, ansiedad, la necesidad de sentirse escuchados. Todo eso que en la sociedad moderna ha ido desapareciendo poco a poco. Cada vez más conectados tecnológicamente, y más aislados emocionalmente. El caso más duro fue un intento de suicidio que se frustró gracias a la intervención de este programa.

Un estudio de Harvard —el más largo sobre la felicidad y la longevidad humana, iniciado justo después de la Segunda Guerra Mundial— lleva más de ocho décadas siguiendo a dos grupos de personas en Boston: estudiantes de Harvard y vecinos de barrios obreros. La conclusión es clara: lo que más influye en la salud, la felicidad y la esperanza de vida no es el dinero ni el éxito, sino la calidad de las relaciones personales.

Así que, por oposición, lo digo yo y no el estudio, la soledad mata. Decía antes que el Estado ha cubierto el rol de proveer, pero no el de acompañar. Antes, mejor o peor, estabas arropado; ahora, cada vez más, hay más gente sola.

Por eso las relaciones sólidas y el sentimiento de comunidad nos protegen física y emocionalmente. Y por eso las empresas tienen la oportunidad —haciendo muy poco— de activar esa palanca que fideliza, retiene y humaniza.

Recuperar la pertenencia.

Reconstruir comunidad.

Hacer que el trabajo deje de ser solo un lugar donde se cumple una función y vuelva a ser un espacio donde uno puede sentirse parte de algo: parte de un equipo, de un grupo de personas que comparten algo más que objetivos.

El bienestar, la salud mental, el equilibrio o el propósito creo que dejarán de ser beneficios para convertirse en responsabilidades. Y cuando una empresa se preocupa de verdad, el impacto va mucho más allá de la productividad. Puede sonar idealista o buenista, pero los problemas están ahí, y mirar hacia otro lado no los hace desaparecer.

El Estado tampoco los hará desaparecer, por mucho que escuchemos a políticos cacareando cada día, engañando a crédulos de uno y de otro color. Además, cuando una organización cuida, el retorno existe: menos absentismo, menos rotación, más compromiso. Un programa así, bien enfocado, se paga solo.

Quizá esa sea la evolución que nos toca ahora: aprender a cuidar mientras trabajamos. Si no es por convicción ni por humanismo, que sea por dinero. Porque, al final, las instituciones públicas no están resolviendo lo que deberían, y alguien tiene que hacerlo.

De lo contrario, ese problema acabará soportándolo la empresa, pagándolo en su margen cuando se le dispare el absentismo y la rotación. Por eso, creo que las organizaciones que quieran estar mejor posicionadas no solo crearán empleo o riqueza: también tendrán que cuidar, asumir —aunque no les corresponda— parte del papel que el Estado le quitó a las comunidades sociales.

CERRAR EL CÍRCULO

Cuando empecé este libro conté que no me había costado mucho escribirlo, porque no tuve que inventar nada. Solo ordenar y poner en palabras lo aprendido durante años de trabajo en empresas.

Y ahora que lo termino, sigo pensando lo mismo. Nada de lo que hay aquí es teoría ni pretende ser una verdad absoluta. Todo nace de la práctica, del oficio y de los éxitos y fracasos que me han traído hasta aquí.

El futuro será, sin duda, más tecnológico. La inteligencia artificial, los datos y la automatización transformarán casi todo lo que hacemos. Pero la evolución no termina nunca.

Porque las organizaciones no evolucionan solas: lo hacen a través de quienes las forman. Las empresas cambian cuando lo hacen las personas. Y las personas cambian cuando entienden que pueden hacerlo y que van a ganar con ello.

Quizá ese sea el verdadero mensaje de este libro: que no se trata de transformar, sino de seguir evolucionando. De moverse, de aprender, de mejorar un poco cada día.

Porque, si algo he aprendido,
es que no hay modelo perfecto,
pero sí caminos posibles. Y este ha sido el mío.

Ojalá te sirva para encontrar el tuyo.

Agradecimientos

A Lourdes, mi socia,
por creer antes de que fuera evidente,
por discutir cuando hacía falta (y cuando no),
y por empujar siempre el nivel más arriba.
Este libro es consecuencia directa de eso.

A todas las personas que hicieron posible Bravos:
a quienes animaron a crearlo,
a quienes confiaron cuando apenas empezábamos,
y a quienes empujaron en los momentos más duros.
Nada de lo que vino después habría sido posible sin ellos.

A los colegas, colaboradores, clientes y proveedores
que, con el tiempo, acabaron convirtiéndose en amigos.

A mis amigos de siempre.
Por estar antes, durante y después.
Por estar conmigo a las duras y a las maduras.

A mi familia.
Por sostener, por comprender, por aguantarme,
y por ayudarme a construir una vida
de la que me siento afortunado.

Y, sobre todo, a Mónica, mi mujer,
por la paciencia, el apoyo
y por hacerse cargo de lo realmente importante
cuando mi carrera profesional —y yo—
ocupábamos demasiado espacio.
Este libro también es suyo.

Nada importante se construye solo.
Todo se construye con personas.